我们生活在同一个地球
We all live on the same planet
外交官带你看世界

冰岛旅游指南

THE REPUBLIC OF ICELAND

冰与火的国度

外交官带你看世界

冰岛

何承伟
丛书总策划

王荣华 著

U0874416

上海故事会文化传媒有限公司
上 海 锦 绣 文 章 出 版 社

名誉顾问
王　殊 外交部外交笔会会长、外交部前副部长
吉佩定 中国前外交官联谊会会长、外交部前副部长

总策划
何承伟 上海文艺出版集团总编辑

主　编
张　兵 外交部外交笔会副会长

外事顾问
刘一斌 外交部外交笔会副会长
汤铭新 中国前外交官联谊会副会长
马恩汉 中国前外交官联谊会副会长
刘振堂 中国前外交官联谊会副会长

英语顾问
施燕华 外交部外语专家、中国翻译协会常务副会长

文稿审定
外交部外交笔会图书审核小组：
黄桂芳 尹承德 陈久长 朱祥忠 潘正秀 陆苗耕

编辑与营销
冯　杰 李　欣 夏青根 李　平 谢奕青 冯维恩
杨　婷 汪冬梅 赵卓琳 高淑芳 程　俊

流程管理
韩　洁 王玉楠

设计总监
周艳梅

装帧设计
王　伟 孙　娌 费红莲 杨超琼

广告与宣传
吴珏伟

特约审读
王瑞祥

图片提供
主要图片由“artic-images.com ”拍摄、由“visiticeland.com”友情提供；部分图片由冰岛风光旅行社和冰岛东部旅游局提供。

跟着外交官到地球别处去看看

一年前，我在上海遇到一对老人，他们俩一退休，就去欧洲旅游了85天。

出于好奇，我问他们："难道你们在中国都游遍了？"

他们说："没有。我们是先游远的，后游近的。"

我又问："你们俩不懂英语，没有出过国，又不靠旅行社，是什么力量支撑你们去周游世界的呢？"

老人意味深长地说："人都怕死，但更怕没有目标。年轻时有年轻时的目标，今天有今天的目标。"

"那你们今天的目标是什么？"

"今天，我们就盼望着到地球的别处去看看。"

听了这对老人的话，我才感悟到："富起来的中国人，盼望着到地球的别处去看看。"——这就是世界旅游业普遍感到"寒气逼人"时，中国出境游市场仍处于上升通道，保持两位数增幅的原因。

这对我一个出版工作者来说，不仅是个服务的机会，更是一个发展事业的机会。

所幸的是，在一个偶然的机会，我遇到了一大批前外交官。他们不仅熟悉如今中国人的需求，同时也了解曾经工作过的国家的情况。他们在岗位上时，是中国人民与所在国人民的友谊使者，今天，他们是否可以把自己多年的

积累和感受，浓缩在一本10万字不到的图书之中，通过这本书，架起一座国与国之间的友好桥梁？

于是，一套富有创意的系列图书诞生了：《我们生活在同一个地球——外交官带你看世界》。在这套图书出版的过程中，我们还得到了有关国家的驻华大使馆、旅游机构人员的大力支持，他们不仅提供精美的图片，有的还制作了反映该国旅游资源的光盘，力争使《我们生活在同一个地球——外交官带你看世界》成为立体展示该国家旅游资源的全媒体图书。

我和我的同事们力争这套大书，能在2010年5月，上海世博会期间陆续出版。届时，至少有7000万中国和世界的朋友相聚在浦江两岸。这套书就不仅在中国人出境旅游时起到作用，即使在世博会期间，也能在参观者与参展国之间架起一座座桥梁。

《我们生活在同一个地球——外交官带你看世界》第一批约40种，今后力争做到凡是中国人出境游所涉及的国家都能出版一本。同时，为了使我们的成果具有持续性，我们每年都会对这套书进行修订，提供最新的文化信息和实用信息，使中国的读者，慢慢产生一种概念：要出境旅游，就找《我们生活在同一个地球——外交官带你看世界》，届时，这套书就将成为中国图书市场上的一个响当当的品牌产品。

2010年5月

上海文艺出版集团 总编辑

致辞一

从自然条件、历史、文化和语言的角度讲，冰岛在世界上是一个独特的国家。

冰岛在地理上连接了东方和西方。由于冰岛地处北大西洋裂缝，这个微小而引人注目的岛屿是北美和欧亚板块的接合处。

冰岛本身有阴也有阳。她不断地生发着建设性的力量，同时也不停地激发出毁灭性的自然力量。其致命的地理位置所孕育的活跃的火山活动，是笼罩在其人民心头上的一块阴云。

冰岛也代表着年轻、活力和纯洁。其人民来自一个年轻、有创造力的民族；其大地滋养着未被破坏、不断地自我生发的自然环境，为利用可持续的、清洁且充沛的能源提供了无限的生机。

冰岛既主张开放，也重视自决。虽然作为北欧国家不可分割的一部分，与欧洲和北美洲在文化上培养了密切的关系，她却以自己的方式形成了并保持着自己独特的文化。

冰岛也是创造性地保护文化的象征。其文化是由最初的定居者所带来的语言创造的。我们的语言虽然历经沧桑，有些变化；然而，或许是我们这个岛屿地处一隅，冰岛语比任何一种欧洲语言都更忠实于自己的本源。

冰岛是守护希望、坚忍不拔的榜样。在1100多年文明发展的过程中，其人民面临着挥之不去的火山爆发的威胁的同时，又在艰苦的环境中饱受磨难和清贫，外国殖民国家对他们长期的压迫更是雪上加霜。但是，在20世纪，冰岛民族在走向繁荣和完全独立的道路上取得了成功，最终自立于世界民族之林。

因此说冰岛是和平、友谊和尊重人的尊严的同义语，从自己的历史经验中，冰岛人认识到了这些价值观念对民族的繁荣和健康的发展极为重要。

冰岛和中国似乎有天壤之别。它们在国土面积和人口数量方面无法相比，在地理上也相距遥远，表面上看，两国的文化也全然不同。但是，仔细看来，中国和冰岛的文化具有一些重要的相同的品质。在漫长的岁月里，在艰难的自然条件下，两国都坚持开发人的精神。在这方面，两国都主张关心和丰富文化遗产是极其重要的。在文化遗产的基础上，两国主张为了平和的群体生活的进步，人们要热爱学习、热爱修身、热爱创造。

我希望我们两个民族对学习、文化与和平的热爱在今后的日子里能够得到增强。我希望王荣华先生对我们这个独特的小国的介绍能够激发中国的读者为实现这种增强尽自己的些许力量。

冰岛共和国前总统
维格迪斯・芬博阿多蒂尔

致辞二

在另外一个国家担任大使，会获得了解其文化和人民、并游览其名胜古迹的机会。所以，大使们的见地和经验是宝贵的。

我的同行、中国前驻冰岛大使王荣华先生将他对冰岛的了解、他的看法和他所得到的灵感奉献给了中国的读者，鼓励他们去访问冰岛——这个萨迦和诗歌的国度，这片毫无矫饰、仪态万方，午夜有阳光、冬夜有北极光的土地。对此，我深表感谢。

我知道这样一个事实，那就是不单单冰岛激发了王荣华大使，他也激发了冰岛。他了解这个国家——冰岛，他在1998年至2002年间为其工作过的国度。他在那里的工作广为人知，那时他的诗作常发表在我们主要的报纸《晨报》上，他还与《晨报》的编辑兼诗人玛蒂埃斯·约翰纳松合作，将他的诗作译成了冰岛语。

在王荣华大使撰写此书时能与他合作实为幸事。我认为中国读者不仅会觉得此书内容丰富，还会感到他诗人般的情怀。他们或许会感觉到作者期待着回访，他们或许触摸到了那条萦系着作者对我的国家的感情的项链。出色的大使会关心他们服务过的国家，会继续为维护健康和友好的关系并提供便利。王荣华就是这样一位大使。

我祝贺王荣华大使撰写了关于冰岛的书籍。在中冰加强关系的道路上，此书是一块垫脚石。此书的出版作为我们两个国家建交40周年庆祝活动的一项内容亦是值得欢迎的。

冰岛共和国驻中国大使
柯丝婷

序言

我与夫人魏松涛1998年3月11日抵冰赴任时，冰岛外交部礼宾司司长斯奈娃女士来机场迎接我们。两年后她要去法国出任大使，行前她对我说："你知道吗，我迎接你时就晓得你会喜欢冰岛。接你出机场后路上还有积雪，云层低垂，而你的双眼却充满了好奇，没有一丝的失望。"也许，她看到过其他国家的新任大使对恶劣的天气露出过不快吧。是的，在冰岛四年又五个月繁忙的日子里，我深深地被这片神奇的土地，被充满理想、埋头苦干的冰岛人所吸引。

冰岛是给人以灵感的地方，我在那里留下了十六首诗作。我几乎走遍了冰岛，却总能发现新的让我赞叹的景色。我曾经访问过三十几个国家，唯一让我怦然心动、一次又一次回访的景色在冰岛。《今日美国》报曾预测冰岛在2011年将成为世界上排在第一位的旅游目的地。2011年1月10日《纽约时报》在41个值得旅游的目的地中将冰岛列为第四位。除了冰岛本身的魅力外，冰航公司也加大了市场开拓的力度，在世界各地增加了航班。我在北京见到过其亚洲部的负责人，我告诉他中国去冰岛的游客肯定会不断增加，如果有直飞的航班，中国游客会增加得更快。中国人讲究"读万卷书，走万里路"。走"万里路"是为了开阔视野，增加阅历，现在，这个"万里路"通到了国外。我期待着上千万国人的"万里路"走到冰岛时，我的这本小书能成为他们有用的向导。

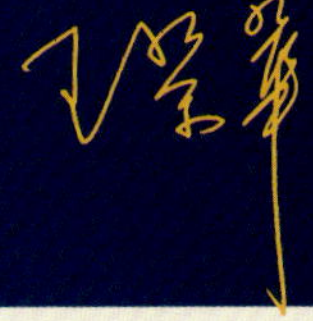

目录

目录

9 西部峡湾

10 西部

11 内陆

旅游贴士

冰岛概况
General Description of the Republic of Iceland

国名	冰岛共和国
国旗	 冰岛国旗的蓝色代表大海，白色代表冰雪覆盖的大地，红色代表火山的火焰。
国徽	 国徽的图案为四方守护神守护冰岛国旗，守护神的说法取自冰岛13世纪诗人斯诺里·斯图尔鲁松所著《萨迦》诗集。北方守护神是雄鹰，东方守护神是巨龙，西方守护神是公牛，南方守护神是巨人。
首都	雷克雅未克
国庆日	6月17日
国歌	《千年颂》

国花	三色堇
国鸟	白隼
国土面积	10.3万平方公里
官方语言	冰岛语
国家代码	IS
宗教	基督教路德宗
主要民族	冰岛人
气候	南部属于温带海洋性气候，北部属于苔原气候
国际电话区号	+354
货币	冰岛克朗
主要城市	首都雷克雅未克、阿克雷里、哈夫纳夫约杜尔、凯夫拉维克及科帕沃于尔

主要景点：黄金瀑布、间歇喷泉、环岛游、瓦特纳冰盖国家公园、冰川峡谷河国家公园、米湖、冰河湖、特约宁湖、蓝湖和维克小镇。

DREKI
www.jokulsarlon.is

1

We all live on the same planet

冰岛总览

美丽的田园风光

在我们出发旅游之前，大家有必要了解一些有关冰岛的最基本的情况。

先说“冰岛人”。冰岛人口目前是32万，一半住在首都及其周边地区。根据DNA化验的结果，80%冰岛男人是北欧人的后裔；62%的女人是凯尔特人的后裔；相当一部分冰岛女人是英国赫布里群岛人的后裔。有千分之四的DNA显示了亚洲血统，但是很难说明他们来自亚洲的哪个地方。

冰岛的国土

冰岛的国土面积相当于江苏省那么大，约10.3万平方公里。冰岛的最高峰华纳达尔斯峰（Hvannadalshnukur）海拔2110米。其国土之11%被冰川所覆盖。而欧洲最大的冰川就在冰岛。它的海岸线拥有100多个峡湾，它的1万多个大小瀑布分散在各处，热喷泉不计其数。冰岛是欧洲仅次于大不列颠岛的第二大岛，它南北长346公里，东西宽514公里。由于地处地球的最北端，它有白夜和黑昼现象。冰岛是由火山喷发形成的，至今还有200多座活火山。

江泽民同志的夫人王冶坪与身着民族服饰的冰岛妇女合影。

冰岛的语言

午夜落日圆

冰岛的官方语言是冰岛语。冰岛语是最古老的北欧语言，中世纪的冰岛语今天的人们仍可以读懂。大部分人都能讲流利的英语，很多人可以讲丹麦语和德语。后面我们还会讲到冰岛语。

冰岛的历史

根据史料记载，最先登上冰岛土地的是爱尔兰僧侣，但是他们没有定居下来。第一个在冰岛定居的人是挪威海盗英格尔夫·阿纳尔松 (Ingolfur Arnarson)，他在公元874年在现在的雷克雅未克安家。930年海盗移民在这里召开了称为“阿尔庭(Althing)”的公民大会，成立了世界上第一个共和体制的政府。

公元1000年，冰岛人雷夫·埃里克松 (Leif Eirikurson)发现了北美洲，是第一个登上美洲土地的欧洲人；稍晚些时候，冰岛的巾帼英雄索比雅娜多蒂尔7次跨海到美洲，她的儿子斯诺里是第一个出生在美洲的欧洲人。到1262年，“阿尔庭”的作用被削弱；冰岛先后落到挪威王国和丹麦王国的手中，1800年以前饱受外族专制统治。自19世纪初叶始，冰岛人民展开了艰苦卓绝的民族独立的斗争，并于1944年6月17日取得完全的独立。

冰岛的迷人海景

吴仪同志参观议会旧址

如今的“阿尔庭”共有63名成员，每四年选举一次，总统也是四年选一次。奥拉维尔·拉格纳·格里姆松是冰岛的第五位总统，已经第四次连任。

冰岛的经济

冰岛拥有丰富的渔业资源，渔业是支柱产业，其出口的70%是渔产品。但是从事渔业的人员只占其人口的10%。冰岛的软件业和服务业也很发达。

冰岛拥有几项世界第一

你们若在旅途中与冰岛人交谈，告诉他们你了解的如下情况，就会得到更热情的接待。

冰岛建立了世界上第一个议会民主制共和国；

冰岛人均拥有的淡水资源排名世界第一；

冰岛人均水产品消费量世界第一；

冰岛使用可再生能源占所有能源的比例为72%，排世界首位；

锡格吕菲厄泽市风光

冰岛是世界上第一个完全消除文盲的国家；

冰岛人均著书、出版（包括翻译出版）及购书排世界第一。

作者于1998年3月22日递交国书后与格里姆松总统合影留念

冰岛的壮阔海景

2

We all live on the same planet

雷克雅末克
及其周边地区

雪中的雷市

世界最北部的首都——雷克雅未克

不管你乘坐的是包机还是航班，你都会降落在凯夫拉维克机场。这是冰岛的国际机场，距雷克雅未克市48公里。

雷克雅未克（下面简称“雷市”）是冰岛共和国的首都，也是世界上地处最北部的首都。它在冰岛的西南面，是冰岛最大的城市。由于冰岛是地震多发国，这座现代化的城市里没有高楼大厦，白天会像一位纯洁恬淡的少女，犹如我国大西北村落那般宁静；到了夜晚它的酒吧和娱乐场所会很热闹，在这些地方你能感受到冰岛国家手球队进球后那样炙热的情绪。

前面说过，第一个在冰岛定居的是挪威海盗英格尔夫·阿纳尔松。他当初为何选择雷市这个地方住下来呢？据说，海盗们有个习惯，那就是把绑在船长座位两旁的木头扔进海里，这两根木头随波逐流，最后在哪里靠岸，海盗们就在哪里定居；他们认为是上帝用这种方式替他们选择了定居的地方。英格尔夫·阿纳尔松就是这么做的，冰岛关于定居的书（Landnamabok）有这方面的记载。雷市正

中国驻冰岛大使馆外景

式建市是在1786年。1986年雷市曾举办隆重的仪式，纪念建市200周年。雷市的名字在冰岛语里是“烟雾之湾”的意思，此意取自热喷泉冒出来的热气。18世纪50年代，丹麦的英格里廷加公司在雷市修建了加工羊毛的厂房，继而又开了硫黄矿，并开始经营渔业、农业和造船业。自此，雷市慢慢地发展起来。

1845年冰岛议会“阿尔庭”在雷市正式恢复，雷市也因此成为冰岛的首都。

1940年5月德国纳粹占领了丹麦。此前的4月9日，四艘战舰来到雷市并停靠在码头上。人们发现这是英国战舰时大大地舒了口气。英军只用了几个小时就完成了对雷市的占领，他们没有遇到任何武装的抵抗。相反的，很多出租车和卡车司机都给英军帮忙，因为初来乍到的英军缺乏运输工具。英国政府多次要求冰岛同意他们的占领，但是每次冰岛都以“中立政策”为由拒绝了英方的要求。在二战期间，英国以及后来的美国部队开始在冰岛修建基地，以至有一段时间外国士兵的人数与雷市市民的人

雷市鸟瞰

数等同。

外国军队的到来在经济上给冰岛带来了好处。大萧条时期的失业不见了。英军修建了雷克雅未克机场，这个机场如今作为国内机场仍在使用；美军修建了凯夫拉维克机场，也就是今天的国际机场。1944年民选总统代替了丹麦国王成为冰岛的国家元首。总统的办公室设在雷市。

国内航线机场

二战后的雷市

二战后，雷市的发展得以加速。私人汽车增加很快，郊区不断得到扩展，现代公寓雨后春笋般地涌现。1972年雷市举办了首次国际活动——世界国际象棋锦标赛；1986年标志冷战结束的会议，即里根与戈尔巴乔夫的会晤在雷市举行。金融市场的放开以及计算机革命让雷市的发展上了一个新台阶。

冰岛的气候属于副极地海洋性气候。由于海水将墨西哥暖流的气温毫无阻挡地带到冰岛，冰岛冬天的气温要比同纬度欧洲大陆高20度。一般情况下，雷市冬天不会低于摄氏零下15°；夏天气候凉爽，很少高于摄氏20°，冰岛现任总

海边北极光

雷市市政厅夜景

统曾自夸说冰岛在夏天整个国家就是一台空调。雷市并不潮湿，但平均每年148天有雨雪。

市政厅是雷市的最高权力机构，由民选的15位成员组成。市长由市政厅指派。雷市有三座大学。冰岛大学是国立大学，成立于1911年。我国每年的交换学生多在冰岛大学学习冰语，至今我国学习过冰语的人员已达35位。现在北京外国语大学冰语班的学员恐怕将来都要到冰岛大学去进修。雷克雅未克大学是民办大学。冰岛艺术研究院成立于1998年，是一所文科类高校。

雷市在全世界结成了15对姐妹城市；在我国尚没有姐妹城市。

新晋“文学之城”

2011年8月4日联合国科教文组织授予雷克雅未克市“文学之城”的称号。

联合国科教文组织的信中说，“雷克雅未克市以其卓越的文学史、其宝贵的中世纪文学遗产、萨迦文学、埃达诗歌以及《冰岛人传》为荣。作为一个只有20万左右人口的小城，雷市在现代城市的蓝图里、在当代的社会里、在市民的日常生活中让文学发挥中心作用的努力是值得推崇的。”

雷市是全球第五个获得此称号的城市，其他四个城市是：爱丁堡、墨尔本、爱荷华和都柏林，因此雷市也是第一个荣获此称号的非英语国家城市。

作为联合国科教文组织的一座“文学之城”，雷市将建立一个文学中心和一个开展文学活动和各种项目的平台，以便进一步提升城市的文学生活，并促进文学方面的国家交往。

国家博物馆

如果你的冰岛之旅从参观国家博物馆开始，那就最理想了。它坐落在雷市市中心的苏咋街上（很接近汉语北方方言里的“昝晃”）。它成立于1863年2月24日。1911年之前它叫“古文物收藏所”。1950年迁至目前这个地方。我到任后不久，1998年5月丹麦女王玛格丽特二世对冰岛进行了国事访问；欢迎仪式是在国家博物馆举行的。我作为中国大使理所当然地应邀参加了欢迎活动。我

冰岛国家博物馆

也得以参观了馆内常设展览的部分。之后，国家博物馆进行内部装修，一直关闭，到我离任后的2004年才重新开放。

现在的常设展览名为《一个国家的形成——其遗产和历史》。它讲的是冰岛自何处来，冰岛人是什么样的人，他们的过去、他们的传统。展览分“工作和生活方式”、“家庭和定居方式”、“艺术和工艺品”和“文化与语言”四个部分。展览陈列了2, 000件实物和1, 000帧照片。比较有影响的实物有公元1000年制作的青铜神像，公元1200年使用的教堂的大门，一本1584年用冰岛文印刷的《圣经》以及1859年秋冰岛女人结婚时穿的民族服装。

国家博物馆还经常举办短期的展览，如埃纳·英格夫松追寻英国古文物收藏家W.G.格凌伍德1897年来冰岛访问10周的摄影展；再如2010年国家博物馆的圣诞节的摄影展等。

根据法律规定，冰岛国家博物馆又是冰岛文化遗产的保护管理中心，还是负责文化遗产的研究和推广的机构。此外，它还负责考古挖掘和研究，负责博物馆教育和民俗民风的收集和保护工作。

Tips

冰岛国家博物馆

地址：Sudurgata 41, 101 Reykjavik

电话：00354-530 2200

网址：www.natmus.is

冰岛文化中心

参观过国家博物馆对冰岛的历史和概况有了一个大体的了解，接下来我要带大家去冰岛文化中心。我认为这是一个必看的地方，因为这里有冰岛珍贵的手稿陈列。

冰岛文化中心陈列的手稿尤其体现了冰岛的诗歌创作传统，最能体现这一传统的是被称为冰岛史诗的《埃达》。

在向你们介绍这部著作之前，我讲一下冰岛获得1955年诺贝尔文学奖的作家拉克斯内斯(Halldor Laxness)的长篇小说《世界之光》中的一个情节：

小说的主人翁奥拉弗·考拉松到雷克雅未克的监狱为他所犯的法定强奸罪服刑时，被关押很久的老手们用好奇的眼光打量着他。第一次放风时，他们凑向奥拉弗，想多了解些情况。当了解到他是一位诗人时，他们说要听一听他的作品。对表现自己的才能，奥拉弗从未迟疑过，他很高兴地答应了。然而，在开始之前，这位诗

文化遗产中心

人要先听取他的狱友们诗作。这时，每个犯人，犯谋杀罪的、盗窃的、贪污公款的、或者说冰岛社会最下贱的残渣都背诵了各自的诗作。等他们都背诵好了，放风结束的时间也到了。结果奥拉弗·考拉松连说一个字的机会也没有。

我不认为这是文学夸张，这样的事情极有可能在冰岛的监狱里发生过。拉克斯内斯另外两部伟大著作《萨尔卡·瓦尔卡》和《独立的人》中的两个主人公分别是一位流浪的无赖和一个身无分文的农民。无赖最后成为一个有势力的商人，农民则在极度贫困中维持生计。但是他们有一个共同点，每个人都会写诗。多年前一次民意测验，要冰岛人列出他们最喜欢的已故的作家。令人惊奇的是，排在前8位的作家都是诗人。在上个世纪里冰岛出版的诗集要多于小说。稍有名声的诗人的诗集卖出上千册是很普通的事情。考虑到冰岛人口稀少，这1000册相当于我国的600万册。

冰岛的议会“阿尔庭”每年都有一次晚宴，议员们在这次晚宴上只能用诗歌来发言。过去冰岛的人口不足30万，但是有三个冰语版本的《毛泽东诗歌选》。我在冰岛写的诗大都被译成冰文，刊登在冰岛最大的报纸《晨报》上。总而言之，冰岛是一个产生诗歌和诗人的地方。

关于《埃达》及其中译本

我国的译林出版社在2000年出版了《埃达》，是由我的前任王建兴大使的夫人石琴娥和斯文译成中文的。冰岛前驻华大使奥拉夫·埃吉尔松为此书写了前言。石琴娥是我国研究北欧文学的专家，她也有一篇自序。她给我们讲述了何谓“埃达”。

“埃达”一词在古代斯堪的纳维亚语里原义是“太姥姥”或者“古老传统”，后来转化为“神的启示”或“运用智慧”。12世纪末，冰岛诗人斯诺里·斯图拉松从拉丁语“Edo”一词变化创造出冰岛语单词“埃达”，意思是诗作或者写诗。它有诗的体裁、格律和韵律，可供吟唱。这些作品大多在民间流传了数百年之久，然后在13世纪前由佚名的冰岛行吟诗人写定成篇，它们被称为“老埃达”、“诗体埃达”或“塞蒙恩德埃达”。斯诺里·斯图拉松在13世纪写定的无韵体散文神话故事和英雄传奇则被称为“新埃达”。简言之，冰岛诗体埃达就是中古时代的冰岛民间史诗。这些原汁原味、口口相传的叙事诗和歌谣在其他北欧国家都失传了，唯独在冰岛保存下来。

冰岛诗体埃达包括神话和英雄传说两部分。《埃达》的手抄本最初由丹麦主教布吕恩约尔佛·斯汶逊17世纪初在冰岛发现。这些手稿当时放在一个几乎变成黑色的羊皮口袋里。他把这批手稿起名为“雷吉乌斯经典”(Codex Regius)， Regius是拉丁语，意思是“王者之书”。1643年斯汶逊主教将此书送往哥本哈根呈献给丹麦国王克里斯钦四世（1588–1648）。1945年后，冰岛政府多次要求丹麦归还这部手稿。1971年初春，冰岛首都雷克雅未克港口出现了世界史上前所未有的一幕：冰岛政府全体内阁成员率领成千上万各界人士在港口汇合，热烈欢迎丹麦军舰公羊星座号护送的两部古老的文学手抄稿本从哥本哈根回归。这两部手稿是13世纪末和14世纪用冰岛文抄写在小牛皮上的《雷吉乌斯经典》和《弗莱特岛记》。后者主要记载了挪威国王萨迦、编年史和年代等。

《埃达》在世界文学史上占有重要独特的地位，它是最宝贵的世界文化遗产之一，是全人类的共同的精神财富。这部史诗对北欧各国、德国和英国的文学产生过重大的影响。德国的英雄史诗《尼伯龙人之歌》据说是从《埃

手稿样品

达》衍生出来的；瓦格纳多部歌剧的情节是从《埃达》移植的；芬兰民族史诗《卡莱瓦拉》受《埃达》的影响很明显；英国的浪漫派诗人托马斯·格雷（1716–1771）曾以《埃达》的题材创作了神话诗《命运女神三姐妹》（1761）、《奥丁的降世》（1761），开创了浪漫派用《埃达》题材之风气；另一位英国诗人威廉·莫里斯（1834–1869）用冰岛《埃达》的题材创作了长诗《地上的乐园》（1868）、《伏尔松家族的西古尔德》（1876）；英国浪漫派诗人奥登（1907–1973）用《埃达》题材创作了《冰岛书简》（1937）；阿根廷的超现实主义诗人博尔赫斯（1899–1986）也从冰岛《埃达》中撷取灵感。

《埃达》为阿尔尼·玛格努松研究院收藏，但是在冰岛文化中心对外展示。冰岛文化中心始建于1906–1908年，1909年对外开放。建成后拟将国家图书馆、档案馆、国家博物馆和民族历史博物馆放在里面。现主要收藏和展示冰岛的文化遗产。它亦设有图书馆和会议室等。

手稿样品

Tips

冰岛文化中心

地址：Hverfisgata 15, Reykjavik

电话：00354–545 1400

网址：www.thjodmenning.is

国家美术馆

冰岛国家美术馆成立于1884年。1916年议会决议将它列为国家遗产博物馆的一部分。1928年议会通过了成立“文化委员会”的法律，国家美术馆属该委员会管辖。从1885年到1950年美术馆的馆藏在议会大厦里陈列，1951年起馆藏移到国家博物馆展览。1961年议会通过决议，让国家美术馆成为一个独立的机构，1981年迁至目前的建筑物。

国家美术馆重点收藏19世纪和20世纪冰岛的美术作品，除拥有冰岛艺术家有价值的作品外，它还收藏有国际知名艺术家如毕加索、爱德华·蒙克、卡勒尔·阿佩尔、汉斯·哈同、维克托·瓦萨雷里、理查德·塞拉和理查德·塔特尔等的作品。我在任时的馆长奥拉弗·克凡然博士（Dr.Olafur Kvaran）曾数次访华，他通过我文化部促成了北京画院在冰岛的展览。该馆也曾组织《20世纪冰岛绘画》于1998年上半年在香港和北京展出。冰岛的雕塑和绘画时有精品问世。冰岛最著名的画家有索尔劳克松(Thorarinn Thorlaksson1867–1924)、约恩松(Asgrimur Jonsson1876–1958)和约翰内斯·斯文松·基亚瓦尔(Johannes Sveinsson Kjarval1885–1972)。热爱美术者,可到国家美术馆参观。凡举办过的展览都有画册出售,对美术爱好者,这些画册是珍贵的收藏品。

Tips

冰岛国家美术馆

地址:Frikirkjuvegur 7, Reykjavik

电话:00354–515 9600

网址:www.listasafn.is

萨迦故事硅像馆

萨迦故事硅像馆设在珍珠楼里。我在任时那里尚无此馆。我在这里想重点讲一讲"萨迦"。

所谓"萨迦",意思就是"故事"或"散文故事",与我国的"平话"的含义很接近。它已成为一个标准名词,用来指中世纪冰岛或者挪威的英雄故事,或者指的是讲述一个家庭超过一代人以上重大事件的长篇记叙作品。流传至今的萨迦有150多种。

萨迦故事硅像馆

1997年冰岛出版了5卷本的英译本,此译本除文兰萨迦和格陵兰萨迦外,将萨迦分为"人物"和"社会"两个部分。"人物"又细分为"斗士和诗人"、"爱情故事"、"歹徒"、"精灵"和"胜利者"。"社会"又细分为"地区世仇"、"财富和权力"和"史诗"。商务印书馆于2000年出版了由石琴娥主编的《萨迦选集——中世纪北欧文学的瑰宝》(上下集)。这个选集填补了我国北欧文学研究的一项空白,非常值得庆贺。然而这个选集只包括了6种萨迦。《瓦特恩峡谷萨迦》、《埃吉尔萨迦》和《尼雅尔萨迦》是表现早期挪威的拓殖者发现冰岛的艰辛历程以及定居后冰岛社会中出现的矛盾和各种冲突的作品;《文兰萨迦》中的《格陵兰萨迦》和《红色埃里克萨迦》是最古老的冰岛萨迦之一,它们是表现冰岛人的祖先们在定居之后再次向外探险,寻求新的更好的家园的作品;《贡恩劳格萨迦》则深刻地反映了海盗时期冰岛社会的爱情观念和生活风俗的变迁。此外还有王室萨迦、宗教萨迦和神话萨迦。

萨迦——人类最早的小说

萨迦是冰岛人在12世纪和13世纪期间撰写的930–1030年间的故事。有人说它们是人类最早的小说。萨迦对冰岛人的民族心理的形成发挥了重要的影响。萨迦不仅是国家英雄般的过去和文学成就的象征，它也是民族生存的精神支柱。冰岛总统奥拉维尔·拉格纳·格里姆松认为萨迦是冰岛人无穷知识、智慧、娱乐和辉煌的语言的源泉。萨迦所体现的人类的智慧和宽广的胸怀对世界上所有民族在任何时候都是有益的。萨迦的世界培育了冰岛人。曾担任冰岛教育、科技和文化部长的比扬·比扬松说：萨迦所描述的世界在很大程度上确立了冰岛人的品质和性格。萨迦文学在世界上的影响是多方面的，美国康涅狄格州《司法周报》曾载文论述冰岛萨迦文学，特别是纳吉尔萨迦是如何在20世纪上半叶影响美国重要的法律制定者之一——卡尔·乐维琳 (Karl N. Llewellyn1893–1962) 的。

萨迦故事硅像馆，以硅而不是用蜡为材料，制作了很多中世纪冰岛人形象，再现了17个对冰岛有影响的、决定冰岛命运的场景。场景中的物品都是按过去的方法制作的。

Tips

萨迦故事硅像馆

地址：Oskjuhlid, Reykjavik (珍珠楼)
电话：00354–511 1517
网址：www.sagamuseum.is

哈尔多尔·拉克斯内斯故居

下面要去的地方是哈尔多尔·基尔扬·拉克斯内斯的故居。哈尔多尔·基尔扬·拉克斯内斯（Halldór Kiljan Laxness, 1902年4月23日–1998年2月8日），本名哈尔多尔·格维兹永松（Halldór Gu jónsson），冰岛小说家，1955年诺贝尔文学奖获得者。我们之所以要到他的故居看一看，是要了解冰岛当代文学的成就。冰岛当代文学的代表就是拉克斯内斯。他一生写过60多部作品，先后被译成43种文字，出版次数超过600版，已有9部小说被搬上银

哈尔多尔·拉克斯内斯

幕，其中最著名的是《独立的人们》。

拉克斯内斯生于雷克雅未克。他在自家经营的拉克斯内斯农场里，度过了童年时代，后来便以这个农场为笔名进行创作。他最早的启蒙都是来自他认为"有生以来所认识的最有独立性格的女性"——他的母亲。1914年，他开始离家求学。但是高中文凭还未拿到手，他便离开了中学。1919年也就是他17岁的时候出版了第一部小说《自然之子》。

第一次世界大战以后拉克斯内斯到德国、奥地利、卢森堡、法国和英国等地旅居，对现代主义、超现实主义文学艺术流派很感兴趣。1923年他隐居在卢森堡公爵领地一寺院内，皈依天主教，并写了长篇小说《在圣山下》。由于对宗教发生兴趣，他特意去英国伦敦的耶稣会从事研究，后又去罗马等地，写了几部有关天主教的著作。1927年出版有自传性质的长篇小说《来自克什米尔的织工》，是他的一部重要作品，在冰岛文学中具有里程碑意义。

1929年拉克斯内斯去了美国、加拿大，结识了厄普顿·辛克莱。此时他接触共产主义学说，曾撰文赞扬社会主义。由于他同情共产主义，他的护照曾被美国当局没收；多亏辛克莱和其他朋友的帮助，才要回护照去了德国。1930年，他回到了祖国。此后的十年间，写出了以冰岛劳动人民生活和斗争为题材的三部长篇小说：《萨尔卡·瓦尔卡》(1931–1932)，《独立的人们》(1934–1935)、《世界之光》(1937–1940)。这三部作品可以说是世界文学"红色的三十年代"中的重要成果。

作家的故居

冰岛具有国际影响的作家

二次大战期间，拉克斯内斯又创作了总称为《冰岛钟声》的3部长篇历史小说：《冰岛钟声》(1943)、《浅发女郎》(1944)、《哥本哈根的火光》(1946)，小说描写了17世纪冰岛人民反抗丹麦人统治的斗争。拉克斯内斯还以极大的政治敏感写了现代题材的小说《原子站》(1948)。1960年，他发表了最后一部长篇小说《重返乐园》。除小说外，拉克斯内斯还创作或改编了多部戏剧，并有散文诗多种。此后还有《歌颂英雄的萨迦》、《布雷克科特村编年史》、《得乐园》等。其作品贯穿着对社会的批判精神，为被压迫者执言，自称是“左翼社会主义者”。他1962年搬家到莫斯夫尔斯拜 (Mosfellsbaer)，一直住到辞世。这个地方已经成为纪念他的博物馆。

哈尔多尔·拉克斯内斯

除拉克斯内斯外，冰岛具有国际影响的作家还有贡纳尔·贡纳尔松 (Gunnar Gunnarsson, 1889-1975)，埃纳尔·卡拉松 (Einar Karason)、艾纳·马尔·古德芒德松 (Einar Mar gudmudsson) 和我的朋友、冰岛著名诗人玛蒂埃斯·约翰纳松 (Mattias Johannessen) 等。我在冰岛期间，经常与约翰纳松就诗歌进行交谈，他将《诗经》中的《关雎》和屈原的《橘颂》译成冰文的过程中，我曾略加点拨。

至此，大家可以理解为什么我将冰岛称为“文学之国”了。冰岛是一个文学大国，她不但拥有《埃达》和《萨迦》这样伟大的中世纪文学瑰宝，她的当代文学也光辉灿烂。“冰与火”是从自然的角度定义冰岛；“文学之国”当然是从人文的角度来看冰岛了。

手稿博物馆

手稿博物馆的正式名称是阿尼·玛格努松冰岛学研究院 (Stofnun Árna Magnússonar í íslenskum fræðum)。它隶属于冰岛教育、科学和文化部。如果时间紧，可以不来这里参观，但是应该了解一下。

冰岛学就是冰岛的国学，尤其着重对冰岛语和冰岛文学的研究。冰岛学研究院负责保护文物和古籍的收藏，并推广有关知识。阿尼·玛格努松(1663–

1730)是17–18世纪最有影响的冰岛手稿收集人，因此研究院以他的名字命名。

手稿博物馆收藏的古籍包括Landnámabók(《定居律》定居之书)，这部中世纪冰语手稿讲述的是9世纪和10世纪挪威人是如何移居冰岛的。其5个部分和100个章节描述了3000个人和1500个定居点，对每个人的家族史都有简单的记载。这无疑对冰岛人的历史和族谱是异常重要的。The Flatey Book(《弗莱特岛记》)是一部中世纪手稿，有225张小牛皮。这是一部专门记载挪威国王萨迦的书。

手稿博物馆的收藏品还包括上面提到的两部《埃达》等。

Tips

冰岛手稿博物馆

地址：Sudurgata, Reykjavik

电话：00354–525 4010

网址：www.am.hi.is

冰岛语研究院

对语言有兴趣的人可以去冰岛语研究院参观。该研究院是冰岛“语言委员会”的秘书处，隶属教育、科学和文化部，1985年1月1日开始运作。根据法律，该院负责冰岛语的规划和保护。它通过电话、邮件和信件的方式回答公众提出的语言问题，向社会提供语言教育指引，对语言的使用提出正式的方案。它负责统一和规范新词汇和术语的使用。冰岛语专家在50个领域制定了冰语词汇表。1997年它在网上开通了涵盖52个方面的“词库”。冰岛语言委员会是北欧语言委员会的成员。冰岛语研究院是国际术语情报网和文件中心的成员，也是国际术语组织的成员。该院院长是前总统维格迪斯·芬博阿多蒂尔女士。

关于冰岛语我想简单介绍如下：冰语是冰岛的官方语言，是97%的冰岛人的母语，是9世纪以来冰岛人一直使用的语言。自那时起，语言本身几乎没有变化，它没有方言。冰岛语在所有的社会活动中使用。其口头语言和书面语言没有大的区别。冰岛语属于日耳曼语系，与法罗群岛语言和挪威北部的方言极其接近，与丹麦语和瑞典语距离较远，与其他日耳曼语系如英语、荷兰语和德语有关联。

冰语的语法比较复杂，讲究词性和变格。冰岛人的命名有自己的习惯，而且很严格。不符合规范的名字要由“人名委员会”批准。一般的做法是在父亲的教名后面加上“松”或者“多蒂尔”。“松”给男孩，“多蒂尔”给女孩。他们不使用姓氏。

冰岛语的词汇是非常丰富的，它形容风的词就有30多个。冰岛语的发音特点可能有助于吟唱和写诗。词尾变化和词形变化丰富多样，冰岛诗人在语序、押韵，特别是押头韵时的自由度非常大，在这方面其他语言是没办法比的。13世纪优秀的政治家、文豪斯诺里·斯特鲁松在一篇关于诗歌的论文里列举了100多种分节诗歌的形式，而且每种都从浩瀚的诗歌中找出例子举证。另外，传统的诗歌形式纷繁复杂，如何押头韵都有定式。把重音放在词的第一个音节上能给诗歌以强烈的节奏感。

> **Tips**
>
> **冰岛语研究院**
>
> 地址：Neshagi 16, IS−107 Reykjavik
>
> 电话：00354−552 8530
>
> 网址：邮箱：kari@islenskan.is

雷市871±2定居展

这是一个新的展览，具有较高的科技含量。雷克雅未克871±2定居展是雷市城市博物馆的一部分。它是在2001年发现的一个早期移民的长形房屋遗址的基础上修建的。人们在修建雷市中心旅馆时发现了这个遗址。定居展的地下部分呈椭圆形。871年曾有火山爆发，这个遗址就是在火山爆发的地方修建的，其居民是早期移民。定居展获得了2006年北欧数字设展奖，因为其设计带来舒适的有意义的视觉，其展品有创造性和充分的地域性，有机地利用了各种媒介手段，提供了高标准的展示。

> **Tips**
>
> **雷市871±2定居展**
>
> 地址：Adalstraeti 16, Reykyavik
>
> 电话：00354−411 6370
>
> 网址：www.reykjavik871.is

冰岛定居展

特约宁湖全貌

雷市的心肺：特约宁湖

特约宁湖位于雷市中心，湖的周围是留姆斯卡拉加多林公园。夏天这里是人们晒太阳的好去处，湖的西部有地热管道。儿童喜欢到这里用面包喂鸭子。冬天有时湖面结冰，年轻人也来这里滑冰或者打冰球。湖的周围是市内最大一块绿地。市政厅在湖的西侧，总统办公室和总理办公室都在湖北侧不远的地方。

霍夫迪楼

冷战自这里结束——霍夫迪楼

位于海边的霍夫迪楼有着特殊的意义，是我们必看的景点之一。它是1909年为法国总领事修建的。至今，室内一扇门的上方还有FR——法兰西共和国的缩写，法国总领事的名字和修建的年代仍清晰可见。小楼最后的主人是一位单身而且脾气古怪的英国大使，他认为小楼里有鬼，他常看见一位白衣女郎在小楼里游逛。自那时起，“鬼屋”成了小楼的别称。

这位大使说服英国外交部卖掉了小楼。霍夫迪楼一直由雷市政府用来接待外宾。1941年丘吉尔爵士曾在小楼里小住；二战期间德裔美国歌唱家和演员玛琳·玛德莲娜·黛德丽到访过小楼；1986年10月，美国总统里根与苏联领导人戈尔巴乔夫在这幢小楼里的会晤标志着冷战的结束。此外，它还接待过挪威国王、法国总统、英国和丹麦的女王、意大利总统以及德国总理等国家元首和政府首脑。

里根与戈尔巴乔夫在霍夫迪

哈尔格林姆斯教堂

这座路德宗教堂是以冰岛著名诗人和牧师哈尔格林姆·皮特松(Hallgrímur Pétursson 1614-1674)的名字命名的。他的代表作是《激情赞美诗》。他是正统教派时期(1580-1730)最有影响的牧师。建筑具有当代北欧风格,其设计师古思荣·斯穆尔松(Guðjón Samúelsson)还设计过雷市的天主教教堂和阿库雷里教堂。教堂的修建用了39年的时间。有意思的是,它的钟楼早在

教堂前的雷夫雕塑

教堂前的烟火

整体工程完工前就修好了。教堂高74.5米，是冰岛最高的建筑物。它外形的设计就是在冰岛很多地方都可以看得到的玄武岩石柱体的翻版。教堂的内部看起来比较传统，其拱顶给人以冰窟的感觉。教堂里的巨型管风琴最有特点，它1992年由德国制造，高15米，有5275个风管。人们乘坐电梯可以登上钟楼，在钟楼可以看到雷市的全貌。教堂里面有三座钟，分别代表哈尔格林姆、他的妻子和夭亡的女儿。教堂前门是雷夫·埃里克松的雕像。雷夫是第一个航行到美洲的欧洲人。此雕像是为了纪念阿尔庭1000年，美国送给冰岛的礼物。

吴仪同志在教堂参加活动，背后是巨型管风琴

吃鱼的好去处（珍珠餐厅及其他餐厅）

从珍珠楼看教堂

珍珠餐厅于1991年6月21日正式营业。它集观光和餐饮于一身。它使用空心钢管支撑着玻璃圆顶和墙壁。它的四周有6个铝罐，每个铝罐盛水400万升，平均水温为85℃，随时给雷市提供热水。冬季热水泵入钢管给建筑物取暖；夏季冷水在钢管里调节室温。第四层的外面设有360°的观景台，可以俯瞰雷市全貌。观景台上设有6架望远镜，并配有

Tips

珍珠楼餐厅

地址：Osjuhlid 山

电话：00354-562 0200

网址：www.prlan.is

珍珠餐厅内景

冰文、英、德、法和挪威语的解说。最上层是旋转餐厅，每两个小时旋转一周。建筑物高25.7米，室内建筑面积3700平方米，有1176扇窗户，58个泛光灯照射室外墙体，105个聚光灯照射室外地面，观景台上使用的是荧光灯，室内照明使用了1900个灯泡，星空屋顶使用了942个灯泡。整个建筑物使用电缆长12公里；声学电缆使用长度为37公里。

珍珠餐厅就餐环境优雅，服务精良，烹饪水平甚高。冰岛政府经常在这里宴请国宾。冰岛总统欢迎江泽民同志的国宴、冰岛议会欢迎李鹏同志的宴会都是在这里举行的。

海鲜

每年除夕，冰岛人都来到珍珠餐厅外面的广场上燃放爆竹。我第一次看完烟火后填了下面这首“忆秦娥”——观冰岛烟火：

除夕夜，
烟花爆竹腾空跃，
腾空跃，
火树摇曳，
银花散泄。

倾城轰鸣鸟飞绝，
鞭炮声中情浓烈，
情浓烈，
漫天光华，
遍地喜悦。

Tips

其他特色餐厅

特约宁湖畔餐厅(Vid Tjornina)
地址: Templarasund 3 - 101 Reykjavik
电话:551 - 8666
这家餐厅好评如潮，是品尝海鲜的好地方。

三风衣餐厅
地址:Baldursgötu 14 - 101 Reykjavik
电话: 552 3939

这是我经常去的餐厅，价格合理，品质优良，有各种深海鱼，偶尔可以吃到鲸鱼肉。

索维索(Sowieso)餐厅
地址:Lækjargata 2a | 101 Reykjavik
电话: 517 5020
以龙虾著名，也提供牛羊肉、鸡肉。

烟火下的珍珠餐厅

游泳池文化

游泳池文化是冰岛独特的文化。

很多冰岛人的一天是从游泳池开始和结束的。游泳池是人们消磨时间的地方。就像老北京的茶馆，人们泡一壶茶可以喝上半天，而且喝茶的人无所不聊。下面这张图片是雷市的“国家游泳池”全景。在这家游泳池内，更衣后出来的地方是一个比较大的热水池，很多人在里面一泡就是几个小时。它的看台下面有蒸气浴。不管冬夏，就算飘着雪花，人们也要出来泡在池子里。当然，因为有地热供暖，到了冬天，游泳池的水温至少有摄25℃。我们游客真应该在冬日里钻进池水里小试身手。如果你懂得冰语，你在池子里泡上一个小时之后，你就会在第一时间了解到当地的新闻。

国家游泳池

北极光

北极光

北极光是由于荷电粒子在地球磁极的作用下发生碰撞而发出的自然光亮。越靠近北极，越能看到这种自然光，它在空中有时闪现绿色，有时变成红色，形状飘忽不定。它悄悄地来，又悄悄地去。只有从北极到冰岛都是晴空时，它才会出现。我国游客通常在夏季游览冰岛，而北极光在夏季是看不到的。我在冰岛四年又五个月，只有幸看到三次北极光。有时它来造访，你要是在屋里，就只能与它失之交臂了。北极光是一种奇观，我能见到它三次，已经很幸运了。

雷克雅未克音乐厅及会议中心

冰岛音乐厅会展中心

雷克雅未克音乐厅及会议中心于2011年5月4日正式投入使用，首场活动由冰岛交响乐团演出。

它的名字叫Harpa，中文是竖琴的意思，冰文有“夏月”的含义。它高43米，建筑面积2.8万平米。该中心的建筑和安装由中国公司承包。

除音乐会外，这里还可以举行多种活动，如会议展览等。这里最大的会议厅可以容纳1800人。中心所用的音响、舞台等设备都是最先进的。

酒吧，体验不夜城

雷市有“不夜城”之称，这与市里数不清的酒吧有关。到雷市你一定要进酒吧里体验一下。下面重点介绍下面几个酒吧：

俄尔斯托巴·科玛克斯和斯科雅尔达酒吧（Ölstofa Kormáks og Skjaldar）
地址：Vegamótastíg 4

电话：5524687
这是一个演员、艺术家经常光顾的地方。

俄尔沃/温伯利（Ölver / Wembley）
地址：Álfheimum 74
电话：5336220
这是一家体育爱好者的酒吧。

咖啡巴林酒吧
地址：Bergstaðastræti 1
电话：5511588

11号吧
地址：Laugavegi 11
这是年轻人经常光顾的地方。

格兰摇滚吧 （Grand RokK）
地址：Smiðjustíg 6
电话：5515522
在此处可饮酒，还可以下棋。

快尔费斯巴林（Hverfisbarinn）
地址：Hverfisgata 20
电话：511-6700
这家酒吧最火爆，不容易找到位置。

音乐厅内景

3

We all live on the same planet

雷市周边

通往世界的窗口:雷恰角市

我们在雷市周边,先看一看雷恰角(Reykjanesbaer)市。它由凯夫拉维克、尼雅尔兹维克(Njardvik)和哈尔尼尔(Hafnir)三个小城于1995年合并而成,是冰岛第五大城市,2008年统计人口为1.4万。

16世纪一些苏格兰人来到凯夫拉维克从事捕鱼和渔业加工。由于它是凯夫拉维克国家机场所在地,经济发展获得助力。这个机场是美国在上世纪40年代作为北约的军事基地修建的。二战期间这个基地对监视从挪威海和格陵兰海驶往大西洋的船只和潜艇起到了重要的作用;美国空军在此处建有雷达站。基地可从事空中拦截、空中加油以及空中和海上救援等多项任务。苏联解体后,美军于2006年9月30日举行了简单的仪式后全部撤离,结束了他们长达55年的驻军活动。留下了一片空荡荡的,像积木般的营房、荒芜的射击场和望不到头的铁丝网。人们预计要彻底清理这片土地,至少要花50亿冰岛克朗。曾几何时,美军基地为冰岛提供了大量的就业,为冰岛的经济注入过强心剂。我2009年回访时,曾到这个过去一般人无法进入的地方参观了一番。

勤劳的冰岛人在这里建立起了开发区,开发区里建有一个数据库,美国等国一些大公司的电子资料都储存在这里,因为冰岛的气候凉爽,无需安装空调,有益于这些数据的保存。此地还成立了一座以附近的凯利尔山命名的大学,这座大学可以培训飞行员和空姐。总有一天这里会再现繁华。

"斯瓦特森基"地热发电厂

蓝湖

“斯瓦特森基”地热发电厂在蓝湖的凯夫拉维克一侧。照片中的烟囱就是这家发电厂。它的发电量是76.5兆瓦，每秒排出的90℃的海水475升。

冰岛最古老的灯塔在雷恰角半岛的西南端，它始建于1878年，后毁于地震，于1929年重建。它高31米，照射高度为海拔73米，塔顶有天线，可以发射长波信号；它的照明每30秒闪现一次。塔中有办公和居住设施。

尼雅尔兹维克值得一看的是“海盗世界”展馆。此馆2009年5月8日开展。它主要展出的是古克斯卡德(Gokstad)海盗船的复制品，此复制品曾于2000年从雷市港口起航，驶向加拿大纽芬兰，为的是纪念雷夫·埃里克松航海到美洲1000周年。另外，从华盛顿史密森尼博物馆借来的《北大西洋萨迦》和从冰国家博物馆借来的展品也在此馆展出。

我国游客经常光顾的是一个叫“峡谷”的地方，这里有模拟地震和火山爆发的多媒体展览。这里还有一家“咸鱼博物馆”，在19世纪咸鱼对冰岛如同石油对沙特一样重要。它记载了冰岛靠出口咸鱼生存和发展的历史。格林达维克市还有风格独特的高尔夫球场和供人们夏天露营的场地。

去蓝湖泡一泡

下面我们去蓝湖去泡一泡。它地处凯夫拉维克和格林达维克之间，是冰岛在世界上最有名的旅游点。国内

蓝湖中嬉戏

有些媒体称它为世界上最大的地热温泉，是不对的。它所用40℃左右的地热海水从隔壁地热发电厂排出，体量约600万升，每40小时换一次水。它被誉为世界上最好的水疗设施，它设有医疗室、会议室、客房和餐厅。蓝湖里的海水的成分主要是氧化硅和海藻，含盐量是普通海水的三分之一，这里的海水对皮肤很有好处，还可以治疗牛皮癣。2007年它接待了40万游客，繁忙时每天的接待量大约是3000人。

鸟瞰蓝湖

保定市的姊妹城：哈布纳菲厄泽（Hafnarfjordur）

夜色中的海港城

哈布纳菲厄泽俗称海港城，是我国保定市的友好城。它地处雷市南10公里处，是冰岛第三大城市，人口2.6万。海港城的名字最早出现在《定居之书》中。15世纪英国商人到这里做生意，之后德国商人代替了他们。后来丹麦人实行了经济垄断，在18世纪，这里是冰岛最繁忙的地方。鱼产品的批发市场最早出现在这里。海港城的足球队和手球队很有名。我国的击剑队曾来这里比赛。这里还是冰岛的摇滚乐之城。每年夏天都要举行为时6天的“海盗节”，进行海盗格斗，展出海盗服饰和用品，全世界对海盗感兴趣的人们此时都来这里聚会。

冰岛第二大城市：科帕沃于尔（Kópavogur）

科市音乐厅外景

科帕沃于尔位于首都雷克科市雅未克以南的法赫萨湾东南岸，亦是大雷克雅未克地区的一部分。为首都郊区发展迅速的卫星城市。人口约2.6万，该城亦是冰岛主要的渔港之一，为北大西洋捕鲸船的重要基地。

该市的格尔达尔萨芬美术馆的活动也极其丰富。

科市鸟瞰

诗说冰岛天气

我要向各位介绍一下冰岛的风，倒不完全因为我写了下面这首诗，主要是冰岛是一个多风的国家，8级以上的风就足以让人无法站立。我听说过学生乘坐的大客车被吹翻。有一种说法，那就是“冰岛是全世界风力第二大的地方，仅次于南极”。根据2011年1月5日至26日的风力记录，短短十余天期间，最高每秒15米（7级），每秒9米（6级）的日子有7天。

下面这首《冰岛的风》描述了冰岛人如何对待风：

谁在呼啸？声声急，
像进军的号角。
谁在吼叫？声声泪，
正把贼人声讨。
谁在咆哮？声声高，
向苍天讨公道。

啊，是冰岛的风，
冰岛的狂飙。

大风里，
老人行走，直挺着腰；
寒风里，小伙嘴边，
挂着坦然的笑；
疾风里，姑娘寻到了劲草。

风在吼叫，吓跑了魔妖。
风在怒号，鬼怪闻声遁逃。
风在咆哮，把污垢横扫。

倒不是谁，
对大风有什么偏好；
可毕竟，风里的青松不会老，
风里的山花特别俏，
明春的大地，分外妖娆。

啊，
呼啸吧，冰岛的风，
咆哮吧，冰岛的狂飙。

前面说过，冰岛平均每年有148个降水日。以雷市为例，降水集中在每年11月至次年2月，这四个月平均降水量都在100毫米以上。

下面这首《冰岛的雨》记录下了我对这种天气的情感变化：

当我第一次遇到你，
冰岛的雨，
我对你又怨又恨，
因为你遮住了蓝天，挡住了丽日，
你让我感到压抑。

渐渐地，我对你失去了恨意，
只留下满腹怨气。
我怨你没有雷霆，
没有闪电，没有霹雳。
你总是细声细语，
你没有欢歌，也不哭泣。

我不知你何时到来，
也不知你何时离去。

我对你略有好感，
是那天你发了脾气。
你和冰岛的风，
你的那位兄弟，把我的门窗敲击。
你似乎说，你也会痛快淋漓，
你也能胜利，你也有欢喜。

今天，我突然发现，
你连续三日，淅淅沥沥，
我竟然没有怨你。

我看到你那晶莹的水滴，
把树木和房屋洗涤。
你滋养了花草，细润了空气。
渗透进大地，你甘愿沉寂；
在深深的地下，
无数个你相聚，
矿物的营养，让你大胆地吮吸。
当你跃出地表，
你看上去自鸣得意，
你变得纯洁无比。
当你进入人的身体，
当你触摸人的肤肌，
你竟能施展某种功力。
因为你，
姑娘的肌肤才会洁白细腻，
女士才有苗条的身躯；
因为你，
小伙的两眼才会明快亮丽，
男子的双手才会创作奇迹。
因为你，
老汉的脚步依旧坚实有力，
老妇的舞姿仍然令人着迷。

啊，我喜欢上了你，冰岛的雨。
你是无私的雨，
你是多情的雨，
你是珍贵的雨，
对你，我再也没有恨意和怨气。
我少不了你呀，冰岛的雨！
我喜欢你呀，冰岛的雨！

在冰岛购物

在冰岛购物可考虑羊毛织品，如帽子、手套、围巾和毛衣等，这些都是手织的，质量好，花样有特色。另外，可以考虑“北纬66°”商店出售的全天候外衣，很有冰岛特色。我还推荐真空包装的海产品，如三文鱼等。

离开冰岛前，还可以在机场免税商店买一些化妆品，蓝湖出的护肤品也相当好。在一家商店购物超过5000冰岛克朗的部分可以享受15%的退税。退税自购物之日起三个月内有效。

4

We all live on the same planet

西南部

黄金圈——冰岛历史和冰岛民族的象征

结束了雷市及其周围地区的旅游，下面我们去走一走“黄金圈”。来冰岛旅游者没有没去过“黄金圈”的。从雷市往东42公里就是“黄金圈”的第一站“议会旧址”。冰文管这个地方叫“议会平原”。这里就是阿尔庭930年至1798年开会的地方。历史上的重要事件曾在这里发生，很多重要的决定曾在这里作出。

这里是冰岛历史和冰岛民族的象征。1928年议会通过决议，将“议会平原”作为民族圣地；1930年议会通过决议，将“议会平原”作为国家公园，将它视为议会保护下的冰岛民族永久的财产，永远不得出卖或抵押。

这里的湖泊是冰岛最大的天然湖。湖水面积82平方公里，水面海拔100米，最深处114米。湖的汇水区达1300平方公里，其走向与地球裂缝相同。湖水的90%是从地下流入的。水从郎格冰原流入湖里要走20–30年，还要经过距地面8公里的地幔。

议会旧址所在地是欧亚板块和北美板块交界的地方，这个板块的交界线纵穿冰岛，到了议会旧址处分叉开来。这两个板块每年自交界线往外移动2厘米。无疑这里是观察地壳运动的好地方。冰岛庆祝人类进入第二个千年的活动在这里举行，我和夫人有幸参加了冰岛规模最大的社会活动。2004年，议会平原国家公园被联合国教科文组织认

议会旧址鸟瞰图

定为世界自然遗产。

"黄金圈"第二站"间歇喷泉",是冰岛最有名的景点之一。它的冰文叫"geysir", 本来是最大的地热喷泉的名字,由于它是祖宗辈的,在13世纪一次地震后就出现了,它每3个小时喷发一次,水柱高60–80米。现在全世界的热喷泉都叫"geysir"。但是,这个大喷泉1916年突然进入冬眠,再也不喷射了。现在人们到这里看的都是它南面100米处的小喷泉。这个小喷泉每10分钟左右喷发一次,水柱高20–30米。在这个叫做豪卡达拉的地方,当地华人管它叫温泉镇。镇里还有很多更小的喷泉,如草皮、木匠、水桶和小小喷泉等。

间歇喷泉喷发

外交部前副部长王英凡同志对冰岛进行工作访问时,曾与冰岛议会的外事委员会座谈了两个小时,回答了他们很多问题,获得好评。我带他游玩了"黄金圈",在地热区,他把手伸进小温泉里探温。这种小温泉的表面温度显然不太高,但是煮熟鸡蛋是没有问题的。后来,联想起英凡先生的工作情况,我填了下面这首《清平乐——记英凡先生访冰》:

寒风凛冽,
健步踏残雪。
喷泉探温指如铁,
静听瀑布横泄。

重语惊座声轻,
信手拈来答应;
携带一身儒雅,
捧回几多真情。

温泉镇里有一家饭店,我们每次都

黄金瀑布旅馆

在那里吃午饭。李鹏同志参观“黄金圈”时也在那里用午饭。令当地人吃惊的是，那天，他们吃晚饭出来，一个有几十年没有喷发的小喷泉突然喷射起来，当地人看到这一奇景先是惊呼起来，然后冲李鹏夫妇微笑着鼓起掌来，他们似乎觉得是李鹏夫妇让喷泉打破沉默的。

“黄金圈”的最后一站是黄金瀑布。这是一个让我感到震撼的地方。这个瀑布分上下两层。第一层落差11米；第二层21米。瀑布上面水的流速是每秒109立方米。闹水灾时候的流速是每秒2000立方米。

晴天里，瀑布上方会出现美丽的彩虹。冬天有时会出现一半是冰，另一半是水的景象。在瀑布旅游者的入口处，立有一块铜牌，纪念一位农民的女儿托马斯多蒂尔，正是由于这位女士徒步走到雷市进行抗议，这里才没有修水坝，瀑布才得以保留。我曾站在离瀑布最近的地方，冒着掉进水里的风险，用录像机拍摄滚滚的水流，录下它的轰鸣声。我也曾站在它对面的山顶上望着彩虹出神，体会着大自然的力量，思考着它何以成为欧洲最有气势的瀑布。

我下面这首《观黄金瀑布》，很讨冰岛人的欢心：

黄金瀑布

停车遥看冰川巅，
白雪融化水声潺，
汇成巨流穿重嶂，
轰鸣直下谷底间。

经受万年奇苦寒，
今日犹恨醒来晚，
不舍昼夜兼程急，
快到人间变甘泉。

冰岛的缩影：西人岛

西人岛是俗称，它的正式译名为：韦斯特曼纳埃亚尔（Vestmannaeyjar），它地处冰岛大陆的南部，由15个大小不同的岛屿组成。最大的，也是唯一有人居住的是赫马（Heimaey）岛，面积13.4平方公里。很多人都说：没去过西人岛，就不算到过冰岛。我觉得这句话很有道理，原因是这里火山频发，1963年火山爆发，生出了一块新领土，名曰“舒尔特塞（Surtsey）”，10年后，亦即1973年1月23日火山爆发给岛上卸下了3000万吨火山岩，增加地域2.5平方公里；其二，这个岛的捕鱼量占全国的15%；其三，每年8月的第一个周末开始的“店主节”，要热闹三四天，全国各地的人都向这里集中，集中体现了冰岛人爱热闹，爱聚会的品性；其四，这个岛屿屡屡被外族欺压的历史很典型，《定居之书》里记载，英格尔夫·阿纳松的亲弟弟被他们的爱尔兰奴仆杀害，这些奴仆逃到了西人岛。英格尔夫最后来到岛上处决了这些奴仆。15世纪，英国人经常光顾西人岛，进行掠夺；然后，在1627年，最惨痛的事情发生了。阿尔及利亚海盗登岛，屠杀了36个人，掠走了242个人做人质，最后只有27人生还故里。尽管西人岛很有代表性，但我国游客难得去一趟，主要由于一天只有一次往来的班轮，乘当天的班轮回雷市，太过匆忙；第二天返回，用的时间又多了一点。

我1998年第一次登岛有感于冰岛人在火山爆发后护岛的事迹，写了下面这首《初上西人岛》：

西人岛上百鸟鸣，
岛上工厂机器声，
熔岩只向市边流，
原来全靠众志城。

（西人岛是冰岛南部一个岛屿。1973年1月岛上火山爆发。冰岛人用海水冷却岩浆，成功地将滚滚而来的岩浆阻留在港口和城市的外面，可谓一曲战天斗地的凯歌。）

Tips

冰岛通讯

凡在国内开通国际漫游的手机在冰岛都可使用。

冰岛全年使用格林尼治时间，与我国的时差是8个小时，亦即比国内晚8个小时。冰岛午夜12点，在国内是早晨8点。

诞生冰岛第一座吊桥的地方：塞尔福斯(Selfoss)

塞尔福斯是冰岛南部最大的城市，2009年统计人口为6574人。它地处惠拉盖尔济(Hveragerdi)和海德拉(Hella)两个小城中间，距雷市较近，生活费用较低，有不少人搬离雷市到这里安家。第一个在此处定居的是索瑞尔·奥萨松(Thorir Asason)。1891年这里架起的吊桥是冰岛的第一座吊桥。二战期间有英国军队驻扎在这里。

从旅游的角度，此处没有多少可看的。但这里是个商业中心，是个旅游中转站。

埃拉巴基镇

冰岛本土的姊妹城：埃拉巴基(Eyrarbakki)和斯托克塞里(Stokkseyri)

南部这两个小城相距不远，值得一提。在20世纪相当长的时间里，埃拉巴基是冰岛最繁忙的港口，农民从全国各地骑马赶来进行实物交易，因为人多，有时要等上三天才能完成交易。随着捕鱼技术和渔船设备的改善，这里已然变得萧条，只是它那海洋博物馆，尤其是里面展示的12桨的渔场还留有往日辉煌的影子。冰岛唯一一家狩猎博物馆在斯托克塞里，除陈列猎物外，还有猎人曾使用过的装备。

斯托克塞里以其“鬼怪博物馆”知名。冰岛人信鬼，有丰富的鬼怪故事。这里用英语、德语和冰岛语向参观者讲述他们关于鬼怪的故事，12岁以下儿童免进。

鬼怪博物馆

维克市(Vik)：世界上最美丽的十个沙滩之一

我站在黑色沙滩上

维克是一个很小的城市，可它周围70公里的范围是个重要的居民区，它还是米达尔斯冰原与斯科加尔之间一个补给站和接待站。维克以其黑色的沙滩知名，1991年美国《岛屿》杂志将它的沙滩评为世界上最美丽的十个沙滩之一。

海岸上的玄武岩石柱是游客经常光顾的地方，海里的石柱由于海浪的洗刷和冲击变成现在这个样子。民间传说讲巨魔想把船只拖往海里，还没来得及上船，太阳出来，就把它定型了，它只能永远站在海水里了。

米达尔斯冰原就在维克的北面，它是冰岛第四大冰川，面积700平方公里，冰最厚的地方750米。

迪尔霍拉里(Dyrholaey)在维克西面10公里处，地处冰岛的最南端，是有名的岬角，高出海平面120米，它伸出海面的岩石上的拱形洞吸引了大量的游客，海上的其他石柱也姿态各异，别有情趣。

与华人朋友在玄武岩石柱旁留影

名不副实的森林城市斯托加尔(Skogar)

斯托加尔在冰文里是森林的意思，然而这里没有多少树木，有的是著名的斯科加尔瀑布和民间博物馆。

这里的民间博物馆了不起，是一位叫索泽·托马松(Thorthur Tomasson)的先生靠自己的力量和爱好一点点办起来的。他出于对冰岛民间文化的热爱，潜心研究，出版了不少书籍。1991年冰岛大学授予他博士学位，承认他在学术上的成绩。他出生于1921年，今年90岁了。

该展览还展出了其他类型的房屋、过去的渔业和农业设备等。

斯托加尔瀑布

We all live on the same planet

东南部

埃亚菲亚德拉冰盖上的火山爆发

如果我们继续往东走，就到了冰岛的东南部。夹在西南部和东南部之间的是艾亚德拉火山。2010年3月和4月它给全世界带来了很大的麻烦。这座火山在埃亚菲亚德拉冰盖上。3月份喷发时规模较小，曾有不少人开着大吉普，或乘坐直升机去一睹壮观的场景。4月中旬第二次喷发，烟灰直射空中达9公里之高，给冰岛人和欧洲各地带来很多问题。

通往峡谷的小镇索斯莫克（Thorsmork）

我们在东南部首先来到的是索斯莫克（Thorsmork），这里从1929年起就是自然保护区。小镇边上有一条斯塔霍尔萨（Stakkholtsa）峡谷，它长大约2公里，100米深。峡谷里有一条同名的小河，沿着峡谷走到头，就是一个美丽的瀑布，所不同的是，这瀑布似乎是从山上的洞穴里喷出来的。还有两条峡谷叫哼纳尔基和茹纳尔基（Hvannargil/Hrunagil），它们在2010年艾亚德拉火山爆发时，成了岩浆流出的通道。这些岩浆已经冷却，现在可以触摸、并供人拍照。

埃亚菲亚德拉冰盖上的火山爆发

神鬼经常到访的胡萨达勒峡谷（Húsadalur）

这里满眼绿色。北极桦木、蓝梅、金凤花和天竺葵被这里并不肥沃的土壤滋养着。这里还有曲径通幽的小路，路旁是童话般的山林。当地人说，没准在这儿会遇到一个精灵。附近的马卡夫辽特河（Markarfljot）传说曾是一个巨兽的所在，这个巨兽平常化作一条鱼在河里游荡。你也许不会相信，神鬼经常光顾这里，因为此处还有一座精灵们用的教堂，叫奥尔法克雅（Alfakirkja）。一些冰岛人，还有外国人到这里结婚。可是人们说来这里海誓山盟的夫妇都不会长久。或许，精灵们不愿被打扰。人间有这许多教堂，干嘛来这儿添乱！从胡萨达勒到郎及达勒（Langidalur）的路上有一个洞穴，叫“斯诺里的王国”，曾有一个叫斯诺里的贼住在里面。从胡萨达勒往西，还有一个洞穴，叫叟塔赫勒（Sottarhellir），人们认为这是一个神洞，因为闹大饥荒时，躲在里面的人都逃过了一劫。这附近还有一条叫牛屋的窄长的峡谷，1937年以前它因一棵树知名，凡是想砍伐它的都没有好报。1937年当它90岁时断掉了，可又有新芽长了出来。

索斯莫克风景秀丽，是徒步旅行的好地方。若有儿童或老人同行，可选择胡萨达勒附近的短途，也可以选择冰岛最有名的徒步行路线，即到劳伽维格（Laugarvegur）的四日行的路线。

索斯莫克徒步行

在山之阴——夫雅拉巴克（Fjallabak）

人民泳池地区

夫雅拉巴克（Fjallabak）自然保护区地处环岛公路的内侧，没有多少人光顾。这可能跟它的名字有关，冰文的意思是“山之阴”。可就在这山的后面，别有洞天。保护区占地4.7万公顷，海拔500米，这片山区经过火山、地热活动几番修理，出落得挺拔俊秀，其熔岩、其沙土、其河流、其湖泊风姿独特。荒野和寂静是它的最大特点。保护区里的托法冰盖（Torfajokull）罕见的地貌与它是冰岛最大的磷铝石矿藏区有关，这里的地热区域仅小于瓦特纳冰盖上的格里姆斯湖（Grimsvotn）。兰德马纳劳加（Landmannalaugar，其意为人民的泳池）的温泉池水富含矿物质，因此其颜色时红、时黄、时蓝、时绿。由于磷铝石矿，其山色呈粉红、棕、绿、黄、蓝、紫、黑和白色。这里的蓝山和磷波山是登山者的宝地。每年6月到9月底开放，到9月底就封山了。要是刮南风或东南风，准会有雨。相反，刮北风时天气会变冷，但大都是晴天。这里的植物光照充足，会吸收空气和土壤里的无机营养。在自然保护区有150种花和蕨类，如柳树、羊胡子草、莎草和五叶草都挺让人喜欢。

在自然保护区内，有一条火山爆发造成的长达40公里的裂缝，叫埃尔德加亚（Eldgja），其含义是“火谷”。因为两侧的谷壁大都是红色的。它是世界上最大的火山峡谷，深270米，最宽的地方600米。冰岛最漂亮的瀑布集中在这里。这里还有最古老的间歇喷泉。峡谷里的瀑布叫欧法茹（Ofaerufoss），其上方原有一座天然的石桥，1993年被超乎寻常的冰水冲垮。

热水浴

因修女传说知名的教堂农场

在维克与赫本之间的唯一一个城市叫“教堂农场”，冰文是“Kirkjub jarklaustur”。南来北往的人们在这里加油，使用这里的银行和邮局等设施。最早来到这里的是爱尔兰僧侣。1186年这里修建了一座本笃教会的修道院。这里曾住着两位修女，关于她们有不少传说。为了纪念她们，“姐妹”成了这里的一些地名。1550年宗教改革后，修道院就衰败了。由于1783年拉卡基加(Lakagigar)火山大爆发，这里又出名了，因为当地的牧师荣·斯坦因格里姆松(Jon Steingrimsson 1728–1791)在1783年7月20日对正在爆发的火山下了一道“火焰指令”，喝令岩浆停止流动，据说指令一宣布，岩浆的流动戛然而止。现在的教堂就是为了纪念这位牧师于1974年修建的。

拉卡基加火山所在的史卡夫塔法特国家公园

拉卡基加火山大爆发

我们来简单地说一说拉卡基加火山大爆发，这是人类所遭受的最严重的浩劫之一。1783年春，地缝开裂135处，岩浆从这些地缝里依次轮流喷发，熔岩喷射的高度达1公里，连续喷了8个月，喷出的300亿吨岩浆，覆盖了500平方公里的地域，而且厚度为19公里，更为严重的是它喷发的烟灰和磷酸雨遮住了阳光，牧草枯死，三分之二的牲畜或中毒而亡，或活活饿死；冰岛五分之一的人口失去了性命，活下来的人却要应付接踵而来的大饥荒。整个北半球受到了影响，大气中的烟灰减少了日照，温度降低，日本、阿拉斯加和欧洲由于酸雨农业减产。

拉卡基加火山就在史卡夫塔法特（Skaftafell）国家公园里面。冰岛政府和世界野生动物基金于1967年9月15日在这里成立了国家公园。它曾两次扩大，地处教堂农场和赫本市之间，于2008年6月7日并入瓦特纳国家公园。它占地4807平方公里，是冰岛第二大国家公园。它拥有三条河：斯卡达拉（Skeidara）、莫萨（Morsa）和史卡夫塔法特。冰盖下的火山爆发会酿成水灾。从冰盖到沿海的地段都是沙质土地。史卡夫塔法特以其宜人的气候知名。自然生长的桦树林、各种鸟类以及北极狐狸成了这里的主人。

斯瓦蒂（Svartifoss）瀑布落差12米。“斯瓦蒂”这个名字是黑色的意思，此意取自它身后的玄武岩石柱。圆内有很多徒步行的道路，有一个信息中心和一个露营地供游客使用。它平均每年接待的游客有16万之众。

斯瓦蒂瀑布

冰川国家公园

瓦特纳冰盖

瓦特纳冰盖国家公园建立于2008年6月7日，它面积达8100平方公里，最厚的地方1000米，平均厚度400–500米，占有全国领土的12%，是欧洲最大的国家公园。它的下面有7座火山，其中格里姆斯湖（Grimsvotn）曾三次喷发。

登这座冰川之路崎岖艰险，因此最好不要自己开车。你可以乘坐专门的大客车。上去后，可以租雪摩托，在向导的带领下，驱车游览，其乐无穷。由于你不熟悉冰川顶上的路，看不出哪里有陷阱或沟壑，因此千万不要自己乱跑。在向导的带领下，你还可以在冰盖上徒步行。你若感兴趣，还可以租用工具，在冰壁上进行攀岩活动。

现在，我们来说一说优古沙龙（Jokulsarlon）冰川湖，这是冰岛最诱人的景致之一。冰川湖距海岸线1.5公里，面积18平方公里，水深200米。自上个世纪70年代起，它的面积增大了四倍，这是因为冰盖融化的速度加快的缘故。你可以在湖里乘船游览。由于这里景色奇异，有好几部电影是在这里拍的，其中包括描写007号特工詹姆斯·邦德的影片。

冰湖乘船游

出产大虾的赫本（Hofn）

赫本港口

我们在东南部要去的最后一个地方是赫本市，它地处半岛，三面环海。

如遇寒冬，这里的海水会结冰。其经济以渔业和旅游业为主。这里以龙虾和大虾知名，每年7月的第一周是龙虾节。其旅游业主要围绕冰盖和国家公园展开。

总观东南部旅游，我主要推荐从“人民泳池”到索斯莫克五日行的节目。这条路线每年吸引大量的全世界各地的徒步行爱好者。沿途可以经过世界第三大地热区、富含磷铝矿的山脉、大峡谷和绿郁葱葱的山谷。旅途中可夜宿山上的棚屋。

赫本的北极光

Tips

东南部推荐路线

第一天：参加者大都从雷市乘大巴赶来。中午从人民泳池出发，往南进入山区，途经小峡谷、热喷泉和黄色的山脉。行程12公里，约需4-5个小时，在海拔470米的拉芬提奴斯克(Hrafntinnusker)山上的棚屋住宿。

第二天：下山进沟，这条沟叫约库尔通加(Jokultungur)。沟里遍布热喷泉和泥水坑，可以很好地观赏天鹅湖(Alftavatn)、米达斯尔冰原和埃亚菲亚德拉冰盖的景色。在天鹅湖棚屋过夜。行程12公里，约需4-5个小时，高度下降490米。

第三天：路过绿色的圆锥型火山(Storasula)，进入黑色沙漠，前往古老葱绿的哈特夫尔(Hattfell)火山。走过牧羊区，来到200米深的马卡夫留特(Markarfljot)大峡谷，在伯特纳(Botnar)过夜。行程15公里，约需6-7个小时，高度下降40米。

第四天：继续走过山谷和沟壑，米达斯尔冰原就在眼前。在通往索斯莫克的路上，绿色渐浓，北极桦树林和鲜艳的山花涌入眼帘，夜晚在索斯莫克过夜。行程15公里，约需6-7个小时，高度下降300米。

第五天：上午参观"音乐洞穴"，登上小山丘观赏景色，下午乘大巴回雷市。

一路上的棚屋均供暖、供电和热水。铺位房里有单人床和双人床。您有可能与陌生人同睡一张双人床。

6

We all live on the same planet

东 部

宗教史上的重镇迪尤皮沃厄尔(Djupivogur)

来到东部，我们自南往北走。

首先来到的是迪尤皮沃厄尔(Djupivogur)。它是东部最古老的港口。在大移民时代，爱尔兰僧侣和隐士登上附近的帕佩(Paley)岛后，也来到这个港口。16世纪德国人也来到这里做生意。1627年北非海盗曾在这里抢劫并掠走人做他们的奴仆。帕佩岛现无人居住，成了海鸟的天堂。迪尤皮沃厄尔的人口也只有450人。这里的布兰德斯廷德

迪尤皮沃厄尔港口风情

(Bulandstindur)山外形很像金字塔，海拔有1068米，冰岛人也管它叫上帝之石。在改信基督教后，冰岛人把与异教相关的东西从山顶上扔了下去，从那时起这山就叫做上帝之石了。这里有两个地方值得一看，一个是建于1790年的老房子，现在用来展示雕塑作品和文化遗产；另一个是“欢乐湾的鸟蛋”，一共34个，每个重1.5吨，是一位雕塑家的作品，堪称一景。

大力士的乐园：布雷兹达斯维克（Breiddalsvik）

我们下面要停留的地方是布雷兹达斯维克，是海边上的一个小渔村，地处布雷兹达勒峡谷的尽头。此峡谷在冰岛东部最长且最宽，峡谷内土地肥沃，适于耕种；两侧山脉高耸，山峰和峭壁面海而立。每年中秋在这里举行的大力士比赛可以打破往常的寂寞。这里的地质博物馆展示对周围地区的

布雷兹达斯维克田园风光

地质的研究成果。馆里还陈列有斯蒂芬·埃纳松(Stefan Einarsson)博士研究冰岛语的著作。

斯托兹瓦港湾镇(Stodvarfjordur)里有奇石

我们拐过一个港湾，迎接我们的是一个小镇，即斯托兹瓦港湾镇(Stodvarfjordur)。它是夫雅达比格德(Fyardabyggd)市的一部分。它最著名的莫过于皮特拉·斯文斯多蒂尔(Petra Sveinsdottir)收藏的的石头了。她所收集的石头多出于当地的种类，其种类包括碧玉、玛瑙、紫晶和水晶等。

与法国有着不解之缘的小镇(Faskrudsfjordur)

处在东部峡湾中间的是法斯克鲁兹港湾镇(Faskrudsfjordur)，行政上也隶属于夫雅达比格德市。从19世纪末到1935年，这里集聚了很多法国渔民，他们多来自法国的格拉威林斯(Gravelines)，因此两地结成了姐妹城市。这里的路标有法文，曾有法国领事在此居住，曾修有法国医院和教堂，其墓地还葬有49位法国士兵。这里还有一家法国博物馆，也是一件十分自然的事情。

法斯克鲁兹港湾法国博物馆

东部最长的峡湾(Reydarfjordur)

雷扎菲约泽(Reydarfjordur)是东部最长最宽的港湾，长30多公里。过去挪威人常在这里捕鲸。二战期间，这里驻扎过3000多名同盟国的士兵。1995年一个二战博物馆在一个空闲的冷冻厂房修建起来，人们在这里可以看到二战时期使用过的吉普车、滑翔机等。它前面的兵营是1943年修建的，本来要作为医院用，但修好后从来没有使用过。这里有一座炼铝厂，规模相当大。

曾盛产冰岛晶石的地方(Eskifjordur)

夫雅达比格德市还包括埃斯基菲约泽(Eskifjordur)，它早在1789年就是一个重要的贸易港口了。从这里的海洋博物馆可以看出，过去人们以捕捞青鱼、鲨鱼和鲸鱼为生。据说在这里钓三文鱼是最好的。在埃斯基河里垂钓是免费的，但是人们钓上来的大都是鳟鱼。这里值得夸口的是晶石矿。冰岛的晶石是一种属于方解石的水晶，完全透明，可以将光线分成两个光柱。自17世纪一直出口，人们用它做显微镜。1924年由于矿源枯竭，采矿停了下来。如今，在大英博物馆还展示着一块重230公斤的冰岛晶石。

埃斯基菲约泽

音乐小镇内斯克伊斯塔泽（Neskaupstadur）

内斯克伊斯塔泽

内斯克伊斯塔泽（Neskaupstadur）是一个以音乐知名的地方。夏天这里每天都有音乐会。擅长演奏布鲁斯、摇滚和爵士乐的布里岩（Brjan）俱乐部名声很大。在此处乘坐皮划艇，从海上看港湾那是一种神奇的体验，如果赶上在夏天的白夜乘皮划艇，那种感受就更神奇了。

狭窄的港湾：姆约依菲约泽（Mjoifjordur）

姆约依菲约泽（Mjoifjordur）也是夫雅达比格德市的一部分。它冰文里的意思是“狭窄的港湾”。冰岛人认为此处是他们“收藏起来的一个宝藏”，因为其克里夫布雷克瀑布（Klifbrekkufossar）十分壮观，其牧师峡谷十分美丽，其捕鲸码头风韵依存。这个码头是1900年挪威人建造的，当时所用渔工200多人，是现在仍保存良好的世界上最大的捕鲸码头。根据当地的民间传说，牧师峡谷中的牧师虽被一位女妖引诱，却不为其美色所动。

“挪威村”塞济斯菲约泽（Seydisfjordur）

塞济斯菲约泽（Seydisfjordur）是一个风景如画的地方。这里经常被称为“挪威村”。它那19世纪的木屋所用的木材是从挪威运来的，木屋一直得到很好的养护。其蓝色的教堂从海湾看非常醒目。每年7、8月都在教堂举办音乐会。1906年冰岛通往欧洲的海底电缆就是从这里下水的。这里的技术博物馆除展示老机器外，还复制了过去的电报房和铸造厂。这里有滑雪设施，但容易发生雪崩，曾造成过人员伤亡。

塞济斯菲约泽的比约佛山

拥有国际机场的内陆城市(Egilsstadir)

迷人的田园风光

埃伊尔斯塔济(Egilsstadir)是一座内陆城市。其于1947年建市,拥有一个国际机场,是这个地区的交通、服务和贸易中心。其东部遗产博物馆以宗教历史为重点。这里可以游湖,拉加(Lagarfljot)是冰岛第三大湖,但是上船的地方离市区30多公里,不太方便。

拉加湖长38公里,水深50米。传说水中有怪兽,叫拉加蛇,还有人看到过它。湖的东岸布满桦树、苏格兰松树和杉树,冰岛最大的树林就在此处。以大多数国家的标准看,这里也许算不上树林。然而,它也有50多个树种,尽管大都是矮树种;冰岛最老的落叶松是1938年种植的,如今也有20米高了。

每年11月初这里要举行"黑夜节",为期10天,人们黑着灯吃饭、跳舞,讲关于鬼怪的故事、寻找北极光、点上火把行走。每年6月的第三周是爵士乐节。

这里的贡纳·贡纳松(Gunnar Gunnarsson)纪念馆原先就是这位作家自己的房产,它曾经是一座15世纪的寺院。贡纳松于1948年将这个地方捐给了国家。他写过20多部小说,大部分作品被译成英、德和丹麦语。有的作品就是直接用德语或丹麦语写的。

贡纳·贡纳松雕像

鬼怪故事最多的地方（Bakkagerði）

巴卡盖尔济（Bakkagerði）是东部峡湾上的最后一站了。这里可能是鬼怪故事最多的地方，有人能讲出172个故事。从其港口坐船可以到离海鸟最近的地方观鸟。这里的徒步节目很丰富，日间行走的路线有27条之多，大都在维克纳斯（Víknaslóðir）地区进行。

在一个叫阿尔法堡（Alfaborg）的地方，有一个鬼怪城堡，鬼怪女王就在这里升堂审案。这里有一家石头商店值得一看，商店门前摆着一块重2250公斤的璞玉，里面出售石头做的蜡烛台和干酪刀等。冰岛著名画家约翰纳斯·斯文松·克雅瓦尔（Johannes Sveinsson Kjarval 1885-1972）就是在这里长大的。

这里的节日叫“鬼舞节”，在每年最靠近1月6日的周末过节。

东部人口最多的城市（Fljótsdalshérað）

夫留兹达尔斯海拉兹（Fljótsdalshérað），简称海拉兹，是东部人口最多的城市，有居民3500人。夫城于2004年11月1日由其他几个小城合并。它

东部峡湾里的驯鹿

东部峡湾里的驯鹿

管辖的区域有9400平方公里，占全国土地面积的10%。海拉兹景色秀丽，有全国第二高山斯奈山，还有瀑布、湖泊和河流。

海拉兹气候宜人，不仅适于羊群放牧、种植燕麦和饲养肉牛，而且其沼泽地也适于冰岛驯鹿的生长。说不定你会在野外与驯鹿巧遇。

游人可以去登斯奈山，也可去胡塞（Husey）去观鸟。站在热水（40-60°C）喷泉下冲澡又别有一番享受。游人还可以到豪尔斯隆水库去看一看，其水坝是欧洲最大的水坝。水库面积57平方公里，水坝高193米。

发现400万年前驯鹿化石的地方（Vopnafjordur）

沃普纳菲厄泽是我们东部行的最后一站。你若从其民间博物馆，路过女妖石到峡谷，就来到发现400万年前驯鹿化石的地方。这一发现告诉我们那时有一座大陆桥把苏格兰、法罗群岛和冰岛连接了起来。这里的三条峡谷是世界上知名的三文鱼垂钓处，尤其是塞劳（Selá）河与豪夫骚（Hofsá）河。这里的移民中心记录了1870–1914年间人们来这里定居的情况，显示了他们对家族和血缘关系仍很在意。世界著名的爵士乐曲目“维基瓦基”就诞生在这里，由出生此地的作曲家穆里·阿纳松（Múli Arnason）和犹纳斯·阿纳松（Jónas Arnason）兄弟创作。2008年夏天这里修建了纪念馆来纪念这兄弟俩。此处还有鸭绒厂，感兴趣的可以看一看冰岛人如何制作鸭绒。

这里最有名的要数恒基瀑布（Hengifoss）了。它是冰岛第三高瀑布，落差为120米。

Tips

冰岛驯鹿

冰岛驯鹿，18世纪从挪威引进，但从未进行饲养。夏天它们一般都呆在高原处，冬天才到海边寻找草地。公母都有鹿角。公鹿到了成熟期，其角会很长。可能一天就长2.5厘米，最沉的有10公斤。秋天发情期后，公鹿一般会磨掉它们的角。怀孕的母鹿在冬天依然留着角。小鹿出生后的头一年会跟着母鹿。驯鹿在冰岛没有天敌。在冰岛狩猎驯鹿必须得到许可。

7

We all live on the same planet

东北部

由于拥有米瓦湖、黛蒂瀑布和胡萨维克，东北部是冰岛的热点旅游区。我们重点来看以下几个地方。

神奇的米瓦湖

米瓦湖热水浴

米瓦湖(Mývatn)简称米湖，水域36.5平方公里，海拔277米。有统计说1975年至1984年的9年间，发生了9次火山爆发，结果是大陆漂移了4.8米。湖水来自四周的甘泉，它们每秒向湖中注水35立方米。湖水自拉萧(Laxá)河流出。湖水富含矿物质，营养丰富。湖底苔草丰盈，滋生许多虫蛹，为鱼类禽类提供了食物。由于水中的苔藻为绿蓝色，湖水有时呈绿色或棕色。此地区有人口450人，其中200人生活在雷恰利兹(Reykjalid)。它水深最深的地方只有5米。这里是世界上鸭的品种最全的地方，尤其以丑鸭和白颊鸭为多。米瓦湖得名于小蚊虫，冰文是蚊虫之湖得意思。一种黑色母蝇是咬人的，到米湖去要戴上头套。这种头套在游客住的地方都有卖。这些蚊蝇的幼卵是鳟鱼和鸟类的佳肴。这里的土地上布满了喷溅泥水的泥坑、奇形怪状的火山岩、喷射蒸汽的喷气孔和火山口。

从气象统计看，这里是冰岛最干燥的地方，很少下雨。1724–1729年间火山爆发时，有一件事让大家都感到困惑或神奇。那就是1729年8月27日，当滚烫的熔岩还差几米就要吞噬木制教堂时，熔岩就停住了。雷恰利兹东3公里处，是

脍日法尔火山秋色

迷人的火山

米湖自然洗浴中心。米湖附近也有一个叫蓝湖的地方，但是那里没有什么设施，而且其湖水有高温区，在那里不小心会烫坏身体。

每年夏天，雷恰利兹都举办音乐会，每年6月底都举办米湖马拉松比赛。湖的四周有一条36公里长的环湖公路，若时间允许，应该走一遭。这里有一个叫斯托拉加（Stóragjá）的深坑，形状怪异，其头上有石块做顶，其水晶莹透彻，水温适宜，但因水中绿藻有毒，人们不能在此下水。它附近还有一个水洞叫格日犹塔加（Grjótagjá），其水温高达45℃，人们也不能在那下水。路上，有一个叫脍日法尔（Hverfell）的圆形的火山口，直径1公里，深140米，是2500年前火山爆发时形成的。在迪穆博基尔（Dimmuborgir）这个地方，有许多怪异的柱子和拱形洞穴。其形成的原因，是新火山岩覆盖着尚未冷却的火山岩，老火山岩冷却后塌下去，留在地表上的就是奇形怪状的火山岩堆积了。湖中有大小岛屿和土丘50个，它们是滚烫的熔岩流过水面或潮湿的地方，产生了气体爆炸后形成的，路上看到的火山渣锥体或洞穴也是由于这个原因形成的。

米湖北面的克拉夫拉（Klafla）山高818米，山周围是火山活跃地段。10万年前一次成层火山的爆发形成了一个

热水池

锅状的大坑，这是一个直径10公里，长90公里的断裂带。这个大锅底层3公里处仍有流沙。1975至1984年火山爆发的熔岩，在20多年后的今天还没有完全冷却。这里有冰岛最著名的“地狱”火山口之一，冰文叫“维蒂（Viti）”。这里的火山口是1724年米湖火山爆发后形成的，它的直径为300米。火山口里的泥浆在火山爆发后100多年时仍是滚烫的。1977年这里修成了一座60兆瓦的地热发电厂，电厂打井十几处，这个电厂随时可以参观。

多姿多彩的国家公园（Jókulsárgljúfur）

格柳沃冰河国家公园一景

格柳沃冰河国家公园建立于1973年，位于夫优拉姆（Fjollum）冰河西岸，南北长30公里，北起阿斯比尔基（Asbyrgi）峡谷，南至黛蒂瀑布，占地120平方公里。8000年前，冰河和冰盖下面火山爆发，酿成了无规则的水灾，形成了目前的峡谷。为了保护这种地形地貌、野生生物和相关历史，这里成立了国家公园。这个公园以“回声山石”（Hljóðaklettar）和红色山脉(Rauðhólar)为中心。此外，阿斯比尔基峡谷因其形状酷似马掌而吸引了众多游人。夫优拉姆冰河是冰岛第二长的河流，长206公里，其源头是瓦特纳冰原，流经塞尔瀑布和黛蒂瀑布，流入北冰洋。

格柳沃冰河国家公园一景

据记载，山洪爆发时，它的最快流速是每秒900立方米。阿斯比尔基峡谷长3.5公里，宽1.1公里，中间被一个山丘拦成两截；两侧山壁陡峭，最高处有100米。它之所以形似马掌，是因为奥丁神的八条腿的宝马有一只脚曾踏在这里；还有一个说法说这里是在山缝里藏匿的人们的山水宝地。

从黛蒂瀑布到阿斯比尔基是徒步的好地方，但总共要花上两天的时间。

磷铝地貌上的峡谷

欧洲最有气势的瀑布（Dettifoss）

黛蒂瀑布是冰岛最大最宏伟的瀑布，也是欧洲最有气势的瀑布。它的落差为45米，宽100米，它每秒的泄水量为193立方米，闹水灾时的流速是每秒600立方米。它泛着白色泡沫的流水砸向涧底时，你会感到大地在颤抖。人们在1公里之外就可以看到轰鸣而下的水流。沿夫优拉姆冰河往上1公里处是塞尔瀑布，它的落差只有11米，但比黛蒂瀑布要宽；沿河往下2公里是哈夫拉基尔斯瀑布（Hafragilsfoss），它的落差为27米。大多数游客都从夫优拉姆冰河的东岸看黛蒂瀑布，在东岸下车后，要走10分钟陡峭的石子路，然后可以踏上看台观看瀑布。上午在东岸看是顺光，彩虹的各种颜色都一清二楚。从冰河的西岸下车后要走15分钟左右的沙土路，然后登上山顶，还要往下走一小段湿滑的山谷，你就会与水流平行，瀑布就在你的面前，就在你的脚下，你永远不会忘记水流溅在你脸上的感觉，你永远也不会忘记它那雄伟的气势。

黛蒂瀑布

路边的珍珠

上帝瀑布在环岛1号公路边上，被称为路边的珍珠。其源头是175公里长的斯乔尔万达（Skjálfandafljót）河。它是冰岛比较大的瀑布之一。其落差12米，宽30米。马蹄形瀑布的中间的一个山丘把它一分为二。

它之所以被称为“上帝瀑布”，是因为在1000年冰岛接受基督教为国家宗教时，这里的首领索基尔（Thorgeir）把他们过去笃信的北欧神的木制塑像扔到了瀑布里。

索基尔在冰岛的宗教史上是个举足轻重的人物。在对宗教信仰进行了广泛的争论后，到底是发生异教和基督教之间的血腥的战争，还是全国和平地皈依基督教，取决于索基尔的决定。这件事在《冰岛人》（Íslendingabók）一书中有记载，40公里之外的阿克雷里的教堂里的一扇窗上有关于这个故事的绘画。在2000年时，在它的附近修建了一座教堂，以纪念1000年全国开始信仰基督教的事件。

上帝瀑布

鲸鱼之都胡萨维克

胡萨维克港口

胡萨维克博物馆

近年胡萨维克已经变成了一个热门城市，不但外国人，而且冰岛人也经常光顾。其原因为——它不但是冰岛东北部最大的城市和商业中心，还是一个吸引游客的地方。它地处斯乔尔万达河的东岸，其北部是博腾斯瓦湖

(Botnsvatn)，湖的四周绿玉葱翠，百鸟争鸣，是休闲的好去处。湖中还有鳟鱼，爱钓鱼的人常常在这里小试身手。

胡萨维克港口就在市中心，过去这里捕鱼繁忙，但是现在更多的是为观赏鲸鱼提供方便。观鲸是从1995年开始的，这里逐渐成为冰岛观鲸的首选之地。港口上还开有鲸鱼博物馆。市中心的教堂是1907年开始修建的，有人认为它是冰岛最漂亮的教堂。它的市博物馆不仅是民间、海洋和自然博物馆，还是图书馆，存有地区档案、照片和胶卷。

瑞典探险家加撒·斯瓦瓦松(Garðar Svavarsson)于公元870年来到胡萨维克，在这里过了一个冬天。第二年春天，他离开时，留下了一个叫瑙特法里(Náttfari)的人和一个不知名的男奴和一名女奴。尽管如此，冰岛的历史书籍只承认4年后来到冰岛的英格尔夫·阿纳尔松为第一个在冰岛定居的人。19世纪末，胡萨维克变成了一个小镇，从事渔业、农业加工业和贸易。其南面的小城雷克雅蒯菲(Reykjahverfi)为它提供地热供暖。

胡萨维克市容

胡萨维克附近的特约恩(Tjörnes)半岛是冰岛有名的化石岩层的所在。那里的砂石层是第三纪和冰河期的后期形成的。化石层中有贝壳类品种，这些品种现在只有在西欧海岸温暖的水域才能看到。研究这类化石可以追溯气候的变化，以及冰河期植物和海洋生物的情况。

Tips

胡萨维克鲸鱼博物馆

电话：+354 414 2800

邮箱：info@whalemuseum.is

博物馆的创始人是奥斯比约恩·比约格文松(Ásbjörn Björgvinsson)。自建馆以来，已经接待了20多万人。

胡萨维克的迷人海景

冰岛第一个开放观赏鲸鱼的地方

观鲸图

毛诺巴基(Mánórbakki)农场里有一间民间博物馆和气象站。在一家日本研究机构的支持下,这个气象站一直对北极光进行研究。胡萨维克是冰岛第一个开放观赏鲸鱼的地方。有几个鲸鱼品种会在斯乔尔万达湾有规则地出现,它们是驼背鲸鱼、小须鲸、白喙斑纹海豚和港口鼠海豚。蓝鲸、瓶鼻鲸、大须鲸、翅鲸和领航鲸都在这里出现过。它们出现的频率每年都不同。除了自然条件好之外,胡萨维克还积累了观鲸的经验,观鲸从每年4月开始,一直延续到9月。

胡萨维克鲸鱼博物馆始建于1997年,2002年搬到目前的地址。其研究人员自1998年起随船出海对鲸鱼进行观察,世界各地的专家也参加了研究工作。2007年,冰岛大学与胡萨维克学术中心以及冰岛东北自然中心合作在胡萨维

鲸鱼出水

克成立了海洋哺乳动物研究中心。可以说胡萨维克是冰岛观察鲸鱼、进行鲸鱼研究和传授有关鲸鱼知识的中心。建立博物馆的目的则是对鲸鱼及其栖息地进行研究，并对观鲸提供教育内容。

Tips

冰岛观鲸

冰岛水域是不少鲸鱼品种的家乡。其中有些种类只在冰岛过夏。目前知道的鲸鱼种类中活动在欧洲水域的占45%，活动在冰岛的占23%。有的只是从冰岛水域路过。但是对于大多数鲸鱼来说，冰岛为它们提供了很好的捕食场所，它们整个夏天都是在冰岛水域度过的。北大西洋及其海岸结构提供了不同的栖息场所，适合不同种类的要求。冰岛文学记录了鲸鱼在早期移民的生活中的重要作用。有17种萨迦描写了人与鲸鱼的关系。其中，格雷蒂尔萨迦写的因为争夺鲸鱼肉而引起的仇杀。一条搁浅的鲸鱼可以决定人的生死，因此在冰岛语里“搁浅的鲸鱼”也有“财富”的意思。

冰岛人认为蓝鲸是良鲸，可以保护渔船免受恶鲸和海中怪物的侵害。他们认为要善待蓝鲸，因为蓝鲸有很好的记忆力。研究机构预测现在全世界有蓝鲸1万条左右。其实最大的鲸鱼就是蓝鲸，它一般长22–33米，重110–190吨，喷水高度6–12米， 每10–30分钟呼吸一次，下潜深度为50–100米，寿命为80年。它下潜之前总会把尾巴高高抬起，其鱼尾的直径有时可达8米。蓝鲸喜欢独居，偶尔与长须鲸为伴。在动物王国里，蓝鲸发出的声音是最响的，它的低频率的声音在水中可以传送几百公里。到目前所见到的最长的蓝鲸33米，最重的200吨，是世界上最重的动物。

长须鲸一般长24米，重120吨，喷水高度4–6米，每5–20分钟呼吸一次，潜水深度50–250米，寿命最短为80年，目前的存活量为12万到15万条。

大须鲸一般长19米，重45吨，喷水高度3米，每5–20分钟呼吸一次，下潜深度较浅，寿命69岁左右，存量为5万条。小须鲸一般长7–10米，体重10吨左右，喷水几乎看不到，每5–20分钟呼吸一次，潜水深度50–100米，寿命50岁左右，存活量80万条。

驼背鲸一般身长15米，体重40吨，喷水高度3米，每5–15分钟呼吸一次，寿命为50岁左右，存活量为7万到10万条。

Tips

冰岛东北部风俗传说

根据冰岛的民间传说，“宇乐”人就是冰岛的圣诞老人。一共有13个“宇乐”人，他们在圣诞节前13天来到人间，每个“宇乐”人都要待上两周的时间。原先这些“宇乐”人都是淘气包，有的甚至会吃小孩。1932年一位冰岛诗人约翰尼斯·乌尔·科特拉姆（Jóhannes úr Kötlum）创作了诗集《圣诞节来了》。在诗里，他对“宇乐”人进行了改造。每年11月20日下午1点到3点，这些“宇乐”人会在迪穆博基尔（Dimmuborgir）迎接客人。

冰岛圣诞老人

圣诞节一景

8

We all live on the same planet

西北部

冰岛唯一地处北极的岛屿

我们的西北部之旅可以从格里塞姆岛（Grimsey）开始。这是冰岛唯一一块地处北极的领土，北极圈从其北纬66度处横穿而过。岛屿的面积为5.3平方公里，最高的地方海拔为105米，距大陆41公里。由于北大西洋暖流将墨西哥湾温暖的海水直接送过来，尽管它处北极，气候却不坏，夏天最高气温达到过26° C。岛上无树，但不乏绿色植被。18世纪由于肺炎横行，以及海上的事故，岛上几乎人烟绝迹。

人们在这里的生计主要靠渔业、农业和捡拾海鸟蛋。游客可以从阿克雷里或达尔维克乘船前来，也可从阿克雷里乘飞机来一览北极的风光，凡到过格里塞姆岛的游客都会得到一张证书，证明他们到过北极。出乎我们意料的是，长期以来这个小岛被誉为国际象棋名岛，因为岛民中有很多好棋手。它曾得到过美国著名棋手维拉德·菲斯克（Willard Fiske）的资助，尽管他本人从未登岛，他在遗嘱里给这个岛留了一大笔钱。

冬夜里的阿克雷里市

冰岛第二大城市阿克雷里

阿克雷里(Akureyri)地处冰岛北部的中心，是冰岛的第二大城市，有人口1.75万人，是北方的经济、文化和服务中心。它的气候温和，夏天最高温度25° C，冬天的平均气温为0℃。这里有世界最北部的植物园，是举行北极高尔夫公开赛的地方，全冰岛最好的滑雪场也在这里。这里的艺术博物馆、每年8月底开始的阿克雷里节、夏天的艺术节等都吸引着大量的人群。

关于阿市，有两点需要提及。一个是建在至高点上的教堂，其管风琴有钢

阿市雕像(容·斯文松)

阿克雷里市教堂

管3200个；其室内有描绘基督一生的浮雕，其房顶悬挂一条渔船，以祈祷亲人们在海上平安。

另一个值得提及的是容·斯文松(Jon Sveinsson 1857-1944)，一位有国际影响力的儿童文学作家，以12卷的《诺尼和玛尼》著称，这部著作被译成了40多种文字。

阿市的历史及传说

作者在海尔吉夫妇雕像前

大约在890年，一位叫海尔吉（Helgi）的爱尔兰人来到阿克雷里，他是第一个定居在这里的人。本来他的父母把他送到赫布里底群岛，让他在那里长大，但是几年后，他们再去赫布里底群岛时，他们竟然认不出海尔吉了，因为他被饿得只剩下一身骨头了。他从此有了一个绰号——瘦子海尔吉。父母带他来到爱尔兰，之后他们来到冰岛，在埃亚峡湾边上定居下来。海尔吉在这里娶妻生子，修建了自己的农场，取名为“基督庄”，因为他笃信基督教。为了纪念这位第一个定居在阿市的人，人们为他和她的妻子建立了塑像。

阿克雷里多楸树。春季里楸树散发着芳香，夏季香味浓郁，秋季则色彩斑斓。传说有一对兄妹，因乱伦要被处决，他们认为自身清白，祈求上帝在他们死后发一声叹息。上帝虽然没有叹息，但是在他们鲜血染红的地方冒出了楸树的嫩芽。自那以后，人们每逢佳节都会来祭树，在树的周围摆上蜡烛来纪念这双兄妹。而且楸树有很强的生命力，不管你怎么砍伐，它都会长出新芽来。

史书上最早提及阿克雷里是在1562年。那年对一位没领结婚证书就与男人发生关系的妇女被判了罪。那时这个地方唯一的建筑是店铺和仓库。1778年起才有住宅兴建。阿市的历史上曾有一位卓越的妇女运动参与者威尔海米娜·勒娃（Wilhelmina Lever），她早在1863年就在公众选举中进行了投票。她1824年提出离婚，是阿市申请离婚的第一位女人。

从19世纪起，阿克雷里人就以善于种植和经营园艺知名。1900年以后，阿市开始繁荣，老的合作社于1906年衰败后，被阿市合作社协会所取代。至今人们仍可看到合作社协会在商业活动中的痕迹。

阿克雷里高尔夫球场

冰岛第二大岛赫里塞

赫里塞(Hrisey)是埃亚峡湾上的明珠，是冰岛第二大岛，其南部最宽的地方7.5公里，越往北越窄，北部最高海拔110米。很早就有人居住此地。瘦子海尔吉曾派人登岛。一些名人在岛上留下了足迹。每天有八九班渡轮从阿斯考格散德(Arskogssandur)载游客登岛，行程只需15分钟。

在岛上可以坐拖拉机观光。这里有鲨鱼博物馆可以参观。这里特产一种蓝贝，可供品尝。岛上的玄武岩山石有1000万年以上的历史，十分独特。它有自己的地热管道，岛上的花园修理得格外漂亮。岛上没有水貂，也没有狐狸。这里禁猎，不准捡拾鸟蛋。此处的雷鸟不怕人，到了秋天，成群结队地落在路上或花园里。1994年曾统计过岛上鸟的种类，有34种之多。而且欧洲最大的燕鸥群就在这个岛上，1974年冰岛的动物检疫中心建在此处。为此目的，岛上原有的动物都被屠杀一净，其结果是这里的植被丰茂，在其北部的国有土地上树木成长茁壮。

锡格鲁菲厄泽市

往日的青鱼城

锡格鲁菲厄泽(Siglufjordur)依山傍海，其古老的建筑、色彩斑驳的屋顶、幽静的港口以及它后背郁郁葱葱的山坡让人觉得似乎来到了好莱坞拍摄田园般渔村的外景地。它在港口面对海浪的帆船雕塑似乎在向人们诉说着这座小城崎岖的过去。自1900年至1965年，这里是世界青鱼的捕捞中心。在捕鱼旺季，这里曾有上万人忙碌着。1965年青鱼戛然绝迹，繁忙的小城突然冷寂了下来。当年的风光只能从这里的博物馆去了解了。

要想了解鱼肉如何分割，如何腌鱼，如何提取鱼油，你一定要去青鱼博物馆看看青鱼加工的表演。2006年这里在比杨·索斯坦松（BjornThorsteinsson）的住所建立了冰岛民乐中心，比杨收藏了很多旧的乐器、民歌的唱片以及幼儿园里的儿歌。

老式渔船

Tips

锡格鲁菲厄泽青鱼博物馆

电话：+354 467 1604

地址：Snorragata 15

网址：http://herring.siglo.is/en

达尔维克——产生巨人和总统的地方

达尔维克鱼节

达尔维克（Dalvik）在埃亚峡湾的西侧。1934年的大地震摧毁了大半个城市。现在的港口是于1939年修建的。很多人光顾此地是为了搭船去格里姆塞岛。这里的民间博物馆除了展出鸟类和动物外，还有北极熊标本。该馆另外一部分是为了纪念诞生和生长在这里的冰岛的第三任总统克里斯杨·埃尔德约恩（Kristjan Eldjarn）和身高2.34米的冰岛巨人约翰·皮特松（Johann Petursson）。

这里有冰岛最好的滑雪场，也是夏天观看海上的落日和日出的好去处。

惊艳的峡湾日出

到处是古迹的侯拉尔

侯拉尔地处斯卡加湾的东侧，是冰岛最知名的古迹之一。1106–1801年这里是主教所在地，是冰岛北部的政治和文化中心。荣·乌格芒德松是第一任主教。他是一个非常霸道的主教，在他的教区里学生们只能读他写的书，舞会、爱情歌曲和娱乐活动都被禁止。我在1999年曾去那里访问，看到了那里的白塔，也喝了那里的一口老井里的水，陪同我们的市政厅的朋友们说这井里的水可以治病。

自1530年起，侯拉尔就办有一座学校。1882年起它变成了农业学校，并办有实验农场。现在的侯拉尔高等学院在农业、水产品和骑术方面培养本科和硕士生，它还是研究冰岛马的研究中心。冰岛马是一个特殊的品种，它体形娇小，跑起来的步子却特别矫健。

侯拉尔雪景

玩激流勇进的地方

瓦玛利兹(Varmahlid)是一个只有130人的小镇，但是由于它拥有湍急的河流，是人们玩激流勇进的好地方。这里水的流速按运动会的要求分成了四个等级。有的项目可以玩几个小时，有的可以玩两三天。这里还是骑马的好去处。

这里适宜骑马

冰岛马匹节

第一个出生在美洲的欧洲人生活过的地方

格劳姆拜尔（Glaumbaer）在瓦玛利兹北8公里处。它以保留冰岛古老的草皮屋顶房屋而知名，其民间博物馆真实地再现了中世纪冰岛人生活的状况。

这里还有古斯里德·索比雅娜多蒂尔和她的儿子——第一个出生在美洲的欧洲人斯诺里·索芬松（Snorri Thorfinnsson）的雕塑。索比雅娜多蒂尔是冰岛的一位巾帼英雄，我在关于西部的章节会再说到她。他们的塑像之所以放在这里是因为索芬松在11世纪时生活在这里的农场里。

孤岛德让基

德让基（Drangey）是斯卡加湾里的一个小岛。其实它是一块巨大的石头，它是70万年前火山爆发的残留物。它最高的地方海拔180米。由于此处是大西洋海鹦的住所，它便成了观鸟人的天堂。也由于这里鸟多蛋多，过去冰岛人称这里是斯卡加湾的奶牛。《格来迪萨迦》提到过德让基，说德让基是奥斯盲德的两个儿子格来迪和依鲁基两个逃犯躲藏了3年的地方。格来迪也因从德让基游到大陆而知名。凡到了德让基准备爬陡坡的都要好好祷告一番。早年牧师们只在岛上部分地方进行过祷告，传说很多地方仍是精灵的住所。

然而，一旦你到了它的最高处，无限风光尽收眼底。乘船绕岛一周要两个半小时，加上爬山则需要5个小时。我听了关于格来迪的故事，虽然未曾登岛，还是填了一首《钗头凤——评德让基》：

惊涛吼，北风嗖，
独立海中高昂首。
石土多，鸟垒窝，
虎胆英雄藏身所，
乐，乐，乐。

伴侣俦，奔自由，
浪吞男儿女呼救。
虽驱魔，修正果，
援手不伸是为何？
莫，莫，莫！

船是冰岛人在孤岛生活所依赖的工具

9

We all live on the same planet

西部峡湾

侯尔马维克市

欧洲最荒凉的地方

在西部峡湾区，我们首先进入的是斯特然迪尔(Strandir)沿海。这里过去是一个充满魔力、人迹罕至的地方；它的荒山秃岭是不少英雄的栖身之所，他们白天在大海里捕捉鲨鱼，晚上则在深山里过夜。一些逃犯也藏匿此处，有时运气好的话，他们会搭上外国商人的货轮，逃往他乡。其最北部已经荒无人烟，是冒险家的乐园了。南面的侯尔马维克(Holmavik)比较发达，那里的人们靠放羊、捕鱼等生活。

自17世纪以来，侯尔马维克以巫术著称。因此，它有一家巫术博物馆，展出过去以及现在的巫师们的巫术，陈列有魔法宝典等；这些展览还试图说明为什么斯特安迪尔人比冰岛其他地方的人更懂得巫术。

侯尔马维克还有一个特殊的地方，那就是从欧洲北部以及西伯利亚漂浮来的木头，很多都在这里搁浅，这对当地人说来真是一种福气。

侯尔马维克南12公里处有一个冰

岛羊博物馆,重点介绍斯特安迪尔地区羊的品种及牧羊的情况,自2002年春开馆以来广受欢迎。

斯特然迪尔地区的人善于捕捉海豹。此外,他们还饲养狐狸、北极贼鸥等。从斯特然迪尔沿峡湾北上,就是霍恩斯特然迪尔(Hornstrandir)半岛。这里是欧洲最荒凉的地方,是一个山穷水恶的所在。由于这里无人居住,来此探险的人需要带上所用的装备和食品。

西部峡湾区的重镇

在到达西部峡湾区的重镇依萨菲厄泽(Isafjordur)之前,要路过苏萨维克(Sudavik),它虽是一个小镇,却是一个大教区。在小镇往南2公里的地方,可以看到已经被遗弃的在上世纪修建的捕鲸的码头。

依萨菲厄泽是一个交通枢纽,建有机场。在其中心区域还可看到木屋和铁皮屋。很多建筑还保留着18世纪时的老样子,那时这里有很多挪威捕鲸的船员。这里自16世纪开始有人居住。关于贸易的最早记录是在1569年,那年

商业同业公会在这里建有办公室。但是，从1602年起，丹麦在此对贸易实行了垄断。尽管如此，这里一直是挪威人捕鲸的后勤中心。冰岛人只是在上个世纪50年代才开始捕鲸的。这里曾见证捕鲸人与环境保护主义者的激烈斗争，结果是1989年世界开始禁止捕鲸。1991年这里修通了到苏萨雷里和富拉特里（Sudureyri/Flateyri）的隧道，加强了这几个城镇的关系。

如果你问任何一个冰岛人如何看依萨菲厄泽，他们会立即说出四件该市有名的东西：鱼、音乐、滑雪和山色。自从1911年这里办起了音乐学校以来，它就变成了一座音乐城。没有哪个家庭不送孩子进这个学校的。冰岛一些有名的音乐家就是这里培养的。每年夏天这里都举行音乐节。近5年来，音乐节都邀请世界知名的音乐家和演奏家来助阵。自2004年开始，复活节前的周六这里都举行摇滚音乐节。自1935年起，这里每年都举办滑雪马拉松大赛。市里几间老木屋里开设有峡湾民间博物馆值得一看。1999年夏，我与来探亲的女儿及夫人曾驱车前往依萨菲尔泽，一路大都沿海而行，从高处看到云海连成一片，海从两片陆地的开口处进来，我称这样的开口为天门，称未被云雾笼罩的开口为地门。车子进入山里，时而看到被风吹动的瀑布，时而看到片片紫云。到依萨菲尔泽的那天晚上就写了下面的小诗，以记载我沿途的感受：

丽日照人舱内暖，
欢声笑语车行缓，
身后飞瀑锦带飘，
眼前紫气如壁悬。
才依地门点江山，
飞跃天门踏云端，
遥看依萨雾色中，
疑是天堂在人间。

海岸线边的绿色小镇

博隆加维克（Bolungarvík）曾是一个非常繁忙的渔村，村里还保留着过去靠摇桨提供动力的渔船，过去渔民住的房子也已恢复原样。这里每年7月的第一个周六都有跳蚤市场，人们可以买一些二手货或者当地的手工制品。你要是不买东西，去听听音乐也可以放松心情。

与博城相邻的苏萨雷里在通隧道前是一个孤寂的小城。通隧道后，水电也开始供应，加上它自己的地热，生活条件得到了改善。另外，它的渔场就在海岸线，无需驱动油轮远航，因此它还坚持用鱼竿鱼钩捕鱼。它是一个可称为典型的环境保护城镇。

每年7月的第二个周末，这里都要大举庆祝夏天的到来，很多儿童都要参加钓鱼比赛，到了晚上，点燃篝火，人们又唱又跳，热闹非凡。从苏萨雷里到富拉特里的路上，大自然鬼斧神工地雕琢出苍龙般的石柱，很是神奇。富拉特里是个容易发生雪崩的地方，1995年的雪崩造成了重大的人员和财产损失。现在，富拉特里采取了防雪崩的措施，包括在山坡上挖很深很宽的斜槽。我下面这首诗记录了路过此地时的感受：

与渔夫合影

小镇的渔船是一大特色

雪倾山崩富拉城，
惨绝人寰夺性命，
苍龙喷怒跃出海，
昂首空对蓝天鸣。
今日山青水寂静，
往昔雪灾无踪影，
游客频临兜海湾，
还是人间更有情。

古老的辛盖里

辛盖里（Þingeyri）之名取自冰文“议会”，据考证，冰岛议会最早是在小城头顶上的桑达菲尔（Sandafell）山里举办的。现在城里还保留有一个棚屋的遗迹，据说过去人们去参观议会时，都在棚屋里歇脚。这间小屋已经成为需要保护的历史古迹。

辛盖里18世纪初就是一个贸易港口。法国人曾要求将此地划为他们的殖民地，以便为他们的船队提供支持。这一要求很自然地被否决了。辛盖里半岛北部的山脉被称为“西部峡湾的阿尔卑斯山”，但是它只有998米高，比它的欧洲兄弟矮多了。

艺术之乡比尔德达勒

比尔德达勒（Bildudalur）地处阿尔纳峡湾的南面，是一个风景秀丽的所在，这个渔村盛产海虾。

此处的人们以善于发明创造知名。冰岛的第一个表演团体诞生在这里。这个小渔村的文化生活异常丰富，不管老少，都以这种或那种方式参加社会活动。这些活动当然包括音乐。“记忆的旋律”就是记录音乐生活的博物馆，其创建人就是当地培养出来的艺术家。

全家在帕特雷克斯峡湾留影

以爱尔兰大主教命名的城镇

帕特雷克斯峡湾（Patreksfjordur），该地区最南部的峡湾是以爱尔兰大主教圣帕特里克的名字命名的，因为他是第一个在此定居的厄尔利格·赫拉普松（Orlygur Hrappson）的精神之父。

冰岛的土豆种植最早从这里开始，这里的一位牧师最早用冰文写下了关于植物园和草药的文章。冰岛用拖网渔船捕鱼是从这里开始的。此处的腌鱼闻名欧洲。这里的人们曾于1915–1917开船到北冰洋去捕海豹。

西部峡湾最漂亮的瀑布

迪恩雅恩迪瀑布（Dynjandi）在阿尔纳峡湾的最深处。它顶部30米宽，底部60米宽，落差100米，是西部峡湾最漂亮的瀑布。它的下面有一系列的小瀑布。它既轰轰烈烈，又温柔高雅，十分迷人。

英国渔船屡次出事的地方

拉特拉比雅格（Latrabjarg）地处欧洲的最西端，其峭壁以欧洲最多的鸟栖息而出名，比如这里有成千上万的尖嘴海雀和海鸥。而且，这里的鸟不怕人，你可以近距离观看。

每年5月很多鸟开始在此处筑巢。这里有下悬崖拾鸟蛋的传统。每年5月20日，几个当地人会系好绳索下去，从数百万个新下的蛋中挑选一些上来。1947年冬天，曾有一条英国的拖网渔船在这里搁浅，当地人必须从结冰的峭壁下降200米设法营救。有12个勇敢的小伙，先下到距海面80米的地方，其中4个人将沉重的营救设备送到了船上，又将船拖了1公里船只才安全，有的船员已经冻得全身麻木，当地人硬是一个个用绳索将他们吊了上去，所有船员最终得救。事后，英国女王对全体营救人员进行了嘉奖。无独有偶，一年后，一个英国摄制组来到这里计划拍摄营救的壮举。然而就在这时，另一条英国拖网渔船偏偏在将要拍摄的地方撞到了石壁。冰岛立即展开了营救，而这一次是实况转播，无需按剧本拍摄了。此处有一个埃基尔·奥拉夫松民间博物馆，展出打捞上来的渔船和报废的飞机等。

这个小镇附近的布雷泽维克（Breidavik）则有金色的沙滩，这是冰岛最好的沙滩。如果再往东北方向走，来到华劳蒂尔（Hvallatur），那里还有迷人的金色海滩。

Tips

海鹦

冰岛人喜欢的鸟——海鹦，英文叫Puffin。海鹦的样子蠢蠢的，憨态可掬，能下水捉鱼，能上天飞翔。它很笨，在天上每分钟翅膀要抖400次才能保持飞行。它好像永远也不会降落，不是摔在草丛里，就是撞上其他鸟类。它有些像中国的鸳鸯，一生都厮守同一个性伙伴。全世界40%的海鹦在冰岛。冰岛的海鹦集中在三个地方：拉特拉比雅格、西人岛和东北部的隆迪（Lundey）岛。

10

We all live on the same planet

西　部

萨迦的故乡拉克斯河流域

我们走环岛路线，现在到了冰岛的西部。事实上，从雷克雅未克直接来这里更方便。离开西部峡谷，我们首先到拉克斯（Laxdaela）河及其峡谷地区看一看。

《拉克斯萨迦》写的就是这里的故事。这里就是发生这部为人们喜闻乐见的萨迦故事的地方。故事的女主角是冰岛最美丽的姑娘古德隆·奥斯维福尔多蒂尔；故事情节围绕她与克雅丹·奥拉夫松和伯利·索尔莱克松之间的三角恋爱展开。她策划并纵使伯利杀死了克雅丹，伯利最后也死在克雅丹兄弟的手里。冰岛人对这个故事非常熟悉，也对发生这个故事的土地怀有敬仰之心。

拉克斯河南面的埃利克斯塔泽（Eiriksstadir）是第一个到美洲的欧洲人雷夫·埃里克松的父亲红色埃里克的故居。红色埃里克是第一个在格陵兰定居的欧洲人。每年7月这里都举办海盗节，办集市、玩游戏、讲故事、演话剧，非常热闹。雷夫于970－980年之间在这里出生。然后与父母到了格陵兰，在那里的布拉塔立德（Brattahlid）农场长大。按那时冰岛大家族的风俗，儿子出海到挪威是成年的标志。根据《红色埃里克萨迦》，雷夫的船被风带到了赫布里底群岛，在那里过了一个夏天，同一个叫索贡努阿的女人生了一个孩子。他到了挪威后，与挪威国王称为好友。第二年春天，挪威国王派他回国设法使冰岛皈依基督教。他在那年夏天在阿尔庭的会议上成功地达到了目的。

雷夫·埃里克松雕像

雷夫有一次出海偏离了方向，来到他未曾听说过的地方，这里生长着小麦和葡萄，他把这里叫做葡萄大地（Wineland），就是北美洲。因此说他是第一个到北美的欧洲人。

从布扎达吕尔（Budardalur）沿河往北4公里处是霍斯库尔德斯塔泽（Hoskuldsstadir），这里是《尼雅尔萨迦》男主角贡纳的妻子哈尔格泽的出生地。《拉克斯萨迦》中的伯利和克雅丹也出生在这里。与霍斯库尔德斯塔泽隔河相望的是雅扎霍尔特（Hjardarholt），克雅丹和他的生父奥拉夫曾在这里生活过，他们在这里的庄园在整个北欧都是一个奇迹。据说农场的墙上画着以萨迦为题材的绘画，他们的餐厅大得足可以容纳1100人。沿河道再往北，就是盛产名人的华莫（Hvammur）庄园，沉思者阿瑟895年创建了这个庄园。散文埃达的作者斯诺里·斯特鲁松，《拉克斯萨迦》中提到过的爱尔兰国王奥拉夫·古德福拉德的夫人就出生在这里。1728年从大火中抢救了大部分萨迦的阿尼·马格努松也出生在这里。

斯奈山半岛上的明珠

斯蒂基斯霍尔米（Stykkisholmur）地处斯奈山半岛北端，人口1240人，是半岛地区最大的城市。这里的人们主要从事渔业和旅游业。从这里去西部峡湾区有班轮。早在1550年这里已成为一个贸易港口。它的名字取自港口前的一个小岛，其名就是“斯蒂基斯”，冰语里是“一片”的意思。它附近的海尔加法尔（Helgafell）山是埋葬《拉克斯萨迦》主人翁古德隆·奥斯维福尔多蒂尔德地方。

每年8月的第三个周末，这里都过“丹麦日”。该市在保护古旧建筑方面花了大力气。港口周围的木屋大都有150年的历史了。最古老的房子是斯奈法尔斯尼斯民间博物馆，它是修建于1832年的一幢挪威建筑。美国艺术家罗尼·霍恩（Roni Horn）设计了水图书馆。图书馆面向大海、港口和城市。新教堂是地标性建筑，室内的吊灯以及大幅的圣母玛利亚的画像非常引人注目，夏天每半个月这里举行一次音乐会。

该市交通便利，全年每天都有到雷克雅未克的班车，此地距雷市172公里。到西部峡湾的班轮一天两次，游客可以中途在福拉特依岛（Flatey）短暂

斯奈山半岛冰川

停留。1999年8月，我们与来冰岛探亲的女儿，曾来到此市。我们乘船游了一圈，在船上品尝刚打捞出来的鲜贝真是人生一件快事，我在诗中写道：

风尘仆仆到斯台，
乘船环岛喜开怀，
仰头雄鹰展翅飞，
低头细品鲜贝白。

打捞贝类

历史名岛弗莱特岛

从斯蒂基斯霍尔米往南5公里就是海尔加法尔山，这里是过去朝圣北欧神话中的索尔（Thor）神的地方。这里也是举行第一次阿尔庭的地方。在此处还可以看到10世纪修建的一座基督教教堂的遗迹。冰岛传说里讲布雷扎湾是西部峡湾的小鬼弄出来的。这里除弗莱特岛之外，其他众多的岛上渺无人迹，是各种鸟类和海豹的天堂。

弗莱特岛宁静祥和，它有2公里长，1公里宽。地势平坦。其名称的冰语就是“平坦之岛”的意思。到夏天，岛上的房屋几乎没有空闲的，然而在冬天，全岛最多只有5个人。这里过去是冰岛的文化中心，其于1172年在岛上最高点修建的寺庙曾是冰岛知识的灯塔。1777年丹麦国王指定它为商业中心。德国商业同业工会曾在此建有贸易机构。自那时起，岛上的人口成倍增加。后来，由于社会结构和生产方式的变化，岛上的人口开始缩减。岛上从码头到“老村子”，只有一条路。路的两旁，有五颜六色的老房子。

岛上的教堂修建于1926年，其室内的绘画描写的就是岛上的生活，是由加泰罗尼亚画家巴尔塔萨·萨姆帕（Baltasar Samper）在上个世纪60年代画的，这些画是他对访问此岛时免费住宿的酬答。教堂里的图书馆被誉为冰岛最古老但是规模最小的图书馆。它建于1864年，最宏大的中世纪冰文手稿《弗莱特岛记》就是在这里发现和收藏的。弗莱特岛常受到文人青睐，很多作家和诗人都在这里获得灵感。

格伦达菲厄泽（Grundarfjordur）1786年就开始商业活动。1800年左右法国商人来到这里，在这里修建了教堂和医院。随着渔业的发展，镇子逐渐富裕起来，其富裕程度可以从他们修建的豪华的房屋看出来。从这里到斯蒂基斯霍尔米是一片火山岩，叫做“巨人谷”。根据《埃尔比格雅萨迦》(Eyrbyggja)，两个做仆人的巨人在这里被他们的主人杀害，因为其中一位巨人看上了主人的女儿。在这里可以参观遗产中心、游览市容、乘船看布雷达湾的景色或登上斯奈尔山冰原。

临海的国家公园

斯奈尔山冰原国家公园一景

斯奈尔山冰原国家公园(Snæfellsjökull)建立于2001年6月28日。其目的是保护当地独特的风貌、土生土长的动植物和古迹。

斯奈尔山冰原海拔1446米，人类第一次登上此冰原是在1754年。斯奈尔山是一座活火山，是由80万年来无数次火山爆发形成的。山顶的火山口深200米，被冰层覆盖。冰原近年来有所缩小，其外延随着熔岩流动，沿山坡有长长的褶皱，甚是好看。儒尔·凡尔纳的《地心游记》写道，进入地心的入口就在斯奈尔山冰原上。由于凡尔纳的这本书，斯奈尔山冰原在世界上广为人知。冰原

国家公园占地170平方公里，是冰岛唯一一个临海的国家公园。公园地表上的熔岩有坑洼不平的，也有平坦顺溜的。园区内的土壤渗透性非常强，水土不易保持。在它的水域里大型褐藻和海草很茂盛；这里的木粟和香草是稀有的植物品种。这里的石南子却很多，到了夏末，各种草莓尤其丰盛。考古发现证明1100年前这里开始有人居住。公园内一些圆顶般的建筑已有500–700年的历史，它们恐怕是北欧渔业史上最古老的文物；也有人认为这些圆顶似的建筑可能是那时生活在此处的爱尔兰僧侣祈祷的地方。这里渔业在13世纪发达起来，1200年之前这里修建了教堂。垂特维克（Dritvik）曾是冰岛最大的捕鱼站，其鼎盛时期有40–60条船在作业、200–600名渔工在忙碌。

国家公园附近的城镇还有海利斯桑德（Hellissandur）、里夫（Rif）和欧拉夫斯维克（Olafsvik）。欧拉夫斯维克是一个观鲸的起始点，它其实是冰岛最先得到从事鱼交易许可的城镇，早在1687年就从丹麦国王那里拿到了许可。现在城里的历史遗存已所剩无几。

黄昏里的欧拉夫斯维克

巾帼英雄的家乡海德纳尔

我在索女雕像前

斯奈山半岛南面的海德纳尔(Hellnar)是一个风景如画的小镇。这里在9世纪最后十年里诞生了一位冰岛的巾帼英雄,一位全世界仅有的八次渡海的女人。她就是古斯里德·索比雅娜多蒂尔(Guðríður Þorbjarnardóttir)。2000年6月25日,冰岛总统奥拉弗·格里姆松为索比雅娜多蒂尔的雕像揭幕。这座雕像矗立在海德纳尔的劳加布莱卡(Laugarbrekka)庄园。我对她的事迹非常感兴趣,认为她是世界上最伟大的女性之一。我填写了一首《八声甘州——赞索比雅娜女》,并用隶书写就,装裱后由使馆官员代表我送到了她的出生地。

八声甘州——赞索比雅娜女

具丽质仙貌性刚柔,
家院岂能留。
踏惊涛骇浪,
绿野①高歌②,
此意悠悠。
贤良聪慧处事,
得子在新州③。
一身浩然气,
鬼魔都愁。

渡海直抒胸襟,
苦难何曾劫,
斗志更纠。
赴罗马修身,
壮心终得酬。
返故里,
笑对子孙,
养天年,
与群雄同流。
放眼量,
古往今来,
巾帼英秀。

① 指格陵兰。

② 在格陵兰,一女巫要索比雅娜女为其占卜仪式唱歌,索的歌声优美悦耳,可谓一鸣惊人。

③ 指新大陆。

海德纳尔镇

世界上最大的火山岩洞

世界上最大的火山岩洞叫维兹格尔米尔（Víðgelmir），它地处福留特斯通加（Fljótstunga）农场。此农场在《格来蒂尔萨迦》（Grettir）这个发生在1011年的故事里被提到过。自19世纪末，这个农场一直被其所有者的家庭所经营，是全冰岛5个最原始的旅游农场之一。

由于这个农场靠近全世界第四大冰川朗格冰原（Langjökull），又靠近13世纪著名作家斯诺里·斯图拉松的家乡，因此光顾这个火山岩洞的游客很多。这个火山岩洞长1.5公里，洞内最高的地方15.8米，最宽的地方16.5米，洞内流水漂浮着形状各异的冰块，在洞的最深处可以看到钟乳石和石笋。1993年有人还在洞里发现了海盗时期的珠宝。进洞必须有向导陪同，必须穿棉衣和靴子，必须戴头盔，并携带手电筒。进洞按时间长短有人数和年龄限制。1个小时的旅程最多一次进15人，8岁以下儿童免进；3-4个小时旅程一次最多8人，13岁以下免进。

朗格冰川的外延部分

福留特斯通加附近除了冰川外，还有瀑布和湖水。我第一次登之冰川就是朗格冰原，感觉非常奇特，似乎身处月球，冰川被白雪覆盖，一望无际。朗格冰原面积达195平方公里，最厚处达580米，最高处海拔1450米。冰原上有沟壑，

很容易掉进去。所以，上了冰川不能独自行动，必须跟着向导走。我曾写如下这首小诗，诗里将朗格冰原按冰语的发音称为“朗优卡”：

世界冰川有几座？
朗优卡上我高歌。
轻骑纵队势排云，
脚下白云接天河。

承载着历史的雷克霍特

儿童瀑布

雷克霍特(Reykholt)地处西部内陆的中间，它过去和现在都是一个文化中心。冰岛任何一条历史线索都直接或间接地与它有关。它最知名的居民就是萨迦故事的作者、历史学家斯诺里·斯图鲁松(1179-1241)。他不单单是一名作者，还是地方首领，立法委员以及一个非常富有和有权势的人。斯诺里是挪威数个国王传记、北欧神话和诗歌的作者。他很可能还是埃吉尔萨迦的作者。这部萨迦写的是埃吉尔·斯卡拉格里姆松这位海盗诗人的故事。他36岁时被任命为议会的发言人。挪威国王要他在议会里为挪威的利益挺身而出，但他置此要求于不顾，仍醉心于写作。挪威国王一气之下，向他发出了逮捕令。他的政敌，前任女婿基瑟(Gissur)认为时机到来，可以讨好挪威国王，或许可以混个冰岛总督当当，便率领70个全副武装的人员来到雷克霍特，于1241年9月23日，在斯诺里住所的地下室将斯诺里砍死了。

雷克霍特附近有一个儿童瀑布，是由众多小瀑布组成的，值得一看。

现存的最古老的、以冰文书写的文件

以斯诺里的名字命名的中世纪研究中心与新的教堂相连。研究中心过去也是教堂的资产，是当时的牧师在1206年卖给斯诺里的。所谓的“雷克霍特合同”的内容包括一系列资产清单以及当地教堂的权利，是现存的最古老的、以冰文书写的文件。从1297年起，身在斯考尔霍特(Sálholt)的主教一直掌管着雷克霍特，

斯诺里·斯图鲁松雕像

他授权两位律师负责具体事物。其中一人叫奥德·高慈斯考尔克松（Oddur Gottskálksson），奥德将《新约》译成了冰文，并于1540年在丹麦付梓。1996年完工的教堂里还保留着两个铃铛，一只可能是13世纪的，另一只上刻有1742年的年份和如下的铭文：时间随着钟声消逝，上帝将我们聚在天使的周围。在雷克霍特老学校的门口矗立这一尊斯诺里的塑像，是由著名挪威雕塑家古斯塔夫·维格蓝德（Gustav Vigeland）雕塑，由挪威王子欧拉夫·哈坎松（Olaf Hakansson）于1947年访问雷克霍特时赠送的。

甘于寂寞的城镇

冰岛定居历史展

博尔加内斯(Borgarnes)地处博尔加湾，它是一个不事声张的城市。由于港湾风大浪急，该城几乎没有捕鱼业。博城的服务业很发达，其“冰岛定居历史展”蜚声国内外。这个展览的主题是说冰岛这个民族是如何诞生的。它运用了多媒体和剧场技术。参观者由耳机里听到的解说词指引，踏上发现之旅。解说词除冰语外，还有英、德、法、挪威、意大利、西班牙、波兰、俄语和日语。展览以《埃吉尔萨迦》为主线，展示他们一家如何从挪威迁移到博尔加海湾地区的，以及他们的战斗、爱情、他们使用的占卜术和有关其宗教的传说。在博尔加内斯城内外，有9个根据《埃吉尔萨迦》矗立的石堆纪念碑，用以标明萨迦故事的重要地点。这个故事还描写了埃吉尔如何在北欧东征西伐，以及他如何与挪威国王打交道。故事从840年开始，到990年结束，跨越了150年，写了埃吉尔一家四代人的故事。在冰岛人的心目中，埃吉尔这位斗士兼诗人是大定居时代的最杰出、最有英雄气概的人物。

冰岛定居历史展

Tips

冰岛定居历史展

电话：00354-4371600

电邮：landnam@landnam.is

足球名城阿克拉内斯

阿克拉内斯(Akranes)是我们在西部要看的最后一座城市。爱尔兰僧侣曾在880年来到这里。现在这里的主要工业是渔业加工和水泥生产。这里的博物馆展出航海方面的文物、水晶、化石以及关于当地的体育明星和风土人情的内容。这里的足球队多次在全国比赛中夺魁。曾在英国阿森纳球队踢中锋的Jonsson就是这里的人。

有着无敌海景的阿克拉内斯

11

We all live on the same planet

内 陆

我们在冰岛的最后一站是“内陆”部分。这一部分适于在冰岛停留时间较长或喜欢登山探险的人。这里虽不能说人迹罕至，但是其大部分地方除了沙漠就是望不到边的火山或湖水，有的地方你要徒步过河，因为没有桥梁。在这里是没有手机信号，没有饭馆酒吧，吃的喝的要自己带足。别忘了，阿波罗号航天员就是在这里训练的。这里的天气如同小孩子的脸，一天变三变，夏天也会下雪的，因此要带够衣服。要是在沙土地上遇到大风，没有眼镜就会倒霉了。尽管如此，就是有人愿意到这样的环境里吃苦，这里也的确有些独特的地方。这里被人们走出了四条路，所以在这一节里就介绍一下这些走出来的路吧。

第一条克约勒(Kjolur)路线——安全的路线

如果您想领略一下冰岛中部沙漠的风光，又不想涉险徒步过河，那就走这条路吧。这条路上逢水有桥。从雷克雅未克到阿克雷里的长途大客车会经过这里。其南部的始点在黄金瀑布附近的惠特河(Hvita)，北面是西迪萨河(Seydisa)；朗格冰原在西面，霍夫斯冰原在东面。这条路线的东南面仍保留着冰河时期的荒芜。其他地方则有不少植被，但是因为对羊的过度放牧，也侵吞了很多绿色。在路上，四周望去，景色怡人。路上有几处木屋，属冰岛旅游协会所有。从黄金瀑布到靠近西北部港湾的布伦迪欧斯(Blonduos)的第一个农场共有200公里的路程。

惠特尔湖(Hvitarvatn)地处黄金瀑布东北45公里处，行走路线共6公里，湖水呈浅蓝色，是惠特河的源头。朗格冰原的触角伸到湖里，有冰块崩落，从湖里漂过，为此地的景致添色不少。湖的东北部是一片水陆相连的地段，也是一片沼泽地。冰岛最早为路人搭建的木屋就在此处，它是1930年由冰岛旅游俱乐部修建的。天清气朗之日，你若站在木屋外四处瞭望，景色之美会让人倒吸一口气。但是，传闻一位漂亮年轻的女鬼已附魂在这个木屋上，在这里过夜的人，特别是睡在厨房后面靠西墙的那张床上的女人会在梦里看到提着两个水桶的女鬼。据说这个女人是在暴风雪中出去打水而死的。这个地方还是观鸟和

骑雪摩托的地方。夏天每天都有自南向北的班车带乘客来到这里。

克灵加山陵地带（Kerlingarfjoll）是山脉和冰川混杂的克约勒地区的一颗明珠。它位于霍夫斯冰原东南，占地150平方公里。其名取自克灵加山峰上从浅色的磷铝石堆中一个鹤立鸡群的玄武碎屑岩石柱。

过去这里的小冰川以及夏日开办的滑雪学校都已销声匿迹。学校用的房屋现在成了游人住宿的地方。这里共有木头房屋12间，可供120人用睡袋过夜。过去，冰岛人认为这里是藏匿罪大恶极的逃犯的地方，直到19世纪中叶，才有人进入这里，到1941年才开始对这里进行测绘和勘探。

赫鲁塔费德（Hrutafell）是10平方公里大的小冰盖，高出地面800米，在赫鲁塔费德的山顶上。可能由于火山在冰盖下面爆发的原因，它看上去像一块生日蛋糕。在克约勒的路线上，赫鲁塔费德进入视线时，往东看，你会发现一个石堆的形状像一块"好时巧克力"。

美丽的惠特尔湖

克约勒路线上的逃犯传说

脍拉维利尔（Kveravellir）是克约勒路线上的枢纽，其冰语的意思是“热喷泉地带”。实际上，这里也是遍布地热喷气孔和五颜六色的热喷泉的诱人地带。这里有游人木屋，有气象观测站，也有人工浴池。有一个热喷泉是以过去的一位逃犯的名字命名的。这个人叫法亚特拉·埃文德（Fjalla-Eyvindur），据传说，他和他的老婆哈特拉（Hallam）曾在这里躲了一个冬天。这个有名的逃犯非常聪明，总能躲过追捕。然而，躲躲藏藏的日子是非常艰辛的。有一首歌，唱的是他和夫人由于缺吃少喝，只能在一个寒冷的冬天忍痛将新生儿扔到瀑布里。关于这条路线还有一个故事。很久很久以前，有人说是在1780年的10月，五位农夫买了羊群由克约勒路线回家。但是半途遇到了暴风雪。他们只好藏起来，希望躲过这场天灾。没想到，暴风雪一直刮了3个礼拜才停。五位农夫都没有熬过来。令人难以置信的是，当局派人来收拾他们的尸体时，只发现了3具尸体，另外两个人的尸体毫无踪影。时至今日，这些人的尸骨，羊和马匹的尸骨仍旧散落在这片令人毛骨悚然的山间。农夫的后人们在本纳霍尔（Beinaholl）这个农夫去世的地方立了一块碑，纪念他们的先人。人们认为谁要是动了这些尸骨，或者在这个地点不老实，就会永久恶运缠身。

克约勒蓝山地区风景

第二条斯普兰吉三德路线——冒险的路线

维西瓦特湖

斯普兰吉三德路线地处霍夫斯冰原与瓦特纳冰原之间。如同克约勒路线一样，它也是南北之间一条自古就有的路线。只不过，这条路线的天气变化无常，而且由于遍布火山岩，气候干燥。这个路名在冰语里的意思是——跳跃。骑马走在这条路线上的人们，希望尽快走出沙漠，恨不得"一跳"而过，人们根据他们的愿望，给它起名为"跳跃路线"。另外，有很多关于路上闹鬼的传说，甚至有一段时间，没人敢走这条路。关于它还有一首有名的民歌《跳跃之路》。

这条路线在南部的起点也在黄金瀑布附近。我们可以先到维西瓦特（Veidivotn）湖去看一下。这里大概有50个大大小小的湖泊，其中很多就是火山口。要到达这里，除了要开四轮驱动的汽车外，还要涉水过一条小河。多数湖的蓄水和排水是在地下进行的，因为火山岩和多孔的火山渣是可以透气和透水的。有些湖泊周围的植被生长得很好。在大多数湖里可以钓到鳟鱼，最大的鳟鱼5公斤左右。这里的农民，到夏末在网箱里养鱼，增加鱼的重量，他们还把红点鲑鱼的鱼苗撒到湖里，它们很快就可以长大。1918年爆发的火山把这里的一切都摧毁了，但是大自然的生命力很强，湖泊和植被很快恢复了原样。这里是冰岛野味十足、湖色最诱人的地方之一。其东北部的山丘上有一个观景点，可以尽览四周的景色。

继续往西走到西饶尼亚（Hrauneyjar）。它在通纳河的南面，这里有一座1981年修建的年发电量210兆瓦的水力发电厂。这里还修建了一个旅馆，甚是难能可贵。

冰岛第二大自然湖

新峡谷木屋

索里斯（Thorisvatn）湖是冰岛第二大自然湖，但是修建西饶尼亚水电站后，这个湖就成了通纳河与肖尔索（Thjorsa）河的水库了。湖水面积达70平方公里，雨水多时可以达到86平方公里。湖水海拔561–578米。湖的周围土地贫瘠，荒凉一片。湖水从索里斯瀑布排出，这个瀑布现在已经修了水坝。湖水由于注入冰川的水而呈奶白色。湖的北头被大山截成了两截。湖里可以捕到棕色鳟鱼，不过现在越来越少了。传说在此前，由于一个女妖精的丈夫在湖里淹死，她下了赌咒，不让湖里有鱼。1967年当地人往湖里投放了红点鲑的鱼苗，之后鱼的繁殖很快。

尼达勒（Nyidalur）是冰川峡谷（Jokuldalur）的别称，是新峡谷的意思。它地处通纳冰盖的南端，是在1845年寻找失踪的游客时发现的。这里的新峡谷木屋很有名，是由冰岛旅游协会设立的。老一点的木屋有两层，是于1967年设立的。一层有厨房、看屋人住的房间以及大厅。新木屋的结构与现在所差无几。厨房内有油炉、壶和锅，其他用具需要自备。卫生间和浴室在木屋的外面。

在阳光灿烂之日，屋外景色怡人。通纳冰盖就在眼前，而且新峡谷里郁郁葱葱；你也可以登上海拔1000米高的马鞍型的山脉，它叫"希望之关"，登顶后可以领略一览众山小的意境。你也可以爬到瓦特纳冰原的顶部，但冰原的边缘很湿滑，而且处处有沟壑，很危险。

Tips

新峡谷木屋

营业时间：7月1日至8月31日

电话：00354-860-3334

冰岛最上镜的瀑布

阿尔德依雅瀑布

阿尔德依雅瀑布(Aldeyjarfoss)在这条路线的北端，其水源来自瓦特纳冰原。它是冰岛最上镜的瀑布，其所在之地遍布玄武岩石。游客可以驱车到它的跟前。在去阿尔德依雅瀑布之前，在26号公路和881号公路交界的地方，分成了两个方向。一个方向通往阿克雷里和埃亚湾；另一个方向经由朗加山（Laugafell）到斯卡加海湾。朗加山高892米，就位处霍夫斯冰原的东北。此处有三座大的热喷泉，它们形成了一股热水小溪，尽管其高度是海拔700米，小溪的两侧还是长满了各色草木。这里有一个牧马的好地方，叫法尔莎拉布拉（Fellshalafla）。

在冬天，会滑雪的人可以参加从阿克雷里到东南部冰岛最大的地热资源地带的越野滑雪行。每天要滑雪7–9个小时，全部行程220公里。

第三条厄斯克居雷思（Oskjuleid）路线——看火山口的路线

这是一条自北向南的内陆路线，也称为阿斯基亚（Askja）路线。北从距米湖东32公里处出发，途经冰岛人热爱的“皇后山”——海尔泽布雷兹（Herdubreid）山峰，最后来到沙漠中的奇景、巨大的火山口阿斯基亚。这条路线只在每年6–9月间开放，而且至少要开四轮驱动的汽车才行，其他时间无法通行。其地域内以火山地貌为主。

出发后的第一个景点是格拉法兰达奥（Grafarlandaa）河，它是菲约德勒姆冰河的支流。不过，河上无桥，要驱车过河。这条河以其水质出名，出产全冰岛最好喝的水，所以路过这里最好灌上几瓶。河的两岸是野餐的好地方。

格拉法兰达奥河

海尔泽布雷兹山

再往南行，就是海尔泽布雷兹绿洲。这里也是一个自然保护区。区内遍布厚厚的绿苔，白芷和粉紫色的花朵。这里之所以能够成为绿洲，是由于泉水在欧道扎熔岩地带（Odadahraun）下面流涌。在此处还可以近距离地观看海尔泽布雷兹山。此处为游客建有服务中心，有客栈、露营地。这里也有一个法亚特拉·埃文德住过的木屋，当然已经重新修整过。据说他在这里靠吃白芷根被和生马肉度过了1774–1775年的冬天。

冰岛人民最喜欢的山

在阿斯基亚的东面有一片山脉，这片山脉的两头是不连贯的。其中间部分是典型的冰岛的书案型山脉，也就是海拔1682米的海尔泽布雷兹山。它的最高峰面向东南，地处巨大的火山口的边缘。尽管它的名称在冰文里的意思是“宽肩膀”，人们还是形容它像一块生日蛋糕，有人说它是一把壶，也有人说它是一顶灯罩；然而旅游业界很虔诚地称它为“皇后山”。

2002年，为了决定哪座山是冰岛人民最喜欢的山，举行了一次全民投票，结果海尔泽布雷兹独占鳌头。由于它的美色，很多诗人和画家都倾倒在它的脚下。山高出周围的地面1000–1100米，山坡陡峭，碎石散滑，其四周都是险峻的峭壁，很难攀登。只有从西北面登山还容易一些。人类在1908年才开始攀登此山。由于随时可能有石头或冰雪滚落，登山人必须佩带齐全的登山器具。它的西北方向10公里处有一座海拔1180米的山峰，叫寇娄塔迪恩格亚（Kollotadyngja），是一座典型的盾状火山。

海尔泽布雷兹山西南35公里处有一条峡谷，叫龙的峡谷。之所以这么叫，是因为峡谷上方的一块石头的形状很像一条龙。这里有两幢木屋。旧一点的建于1968–1969年；新的建于2003–2004年。一共可以接待50人。木屋附近有露营地。

龙的峡谷

阿斯基亚的功过

阿斯基亚是一个50平方公里大的锅状的下洼地带，它完全是因为滚烫的熔岩在地下流过，导致地面塌陷造成的。来到这个荒芜，甚至寸草不生的地方，你唯一的感慨就是人的渺小和大自然力量的神奇。1875年阿斯基亚发生的火山爆发形成的灰尘覆盖了1万平方公里的土地，这些土地上的牲畜全都死亡，这些土地上的冰岛人几乎全都移民到了北美。人们说到它，总会谈起这不

阿斯基亚火山口

可回避的过失。它最近的一次爆发是在1961年，但是没有改变1875年爆发时形成的地貌。厄斯克湖就是1875年火山爆发后形成的，它是一个11平方公里的大坑，距沿口300米，水深217米。1907年有两位德国研究人员在湖里划船时神秘失踪，连尸体也找不到。有推测说他们是被漩涡吞没的。1875年在湖的东北角还形成了一个维蒂火山口（请不要与米湖附近的维蒂混淆，那个火山口里的水是冰冷的）。有一条狭窄的山脊把它和厄斯克湖分割开来。这里的湖水温度在22℃至30℃之间，冰岛人到了这里会毫不犹豫地跳进水里大游一通，甚至把脚

我在维蒂火山口

伸到湖底的泥里；但是，如果伸错了地方会被烫着。湖的坡岸上石子散滑，很容易摔跤。这里的湖水呈淡蓝色，有一股鸡蛋的味道。几乎在冰岛没有人没来看过它。这或许就是它的有功之处吧。

第四条克沃克冰川（Kverkfjoll）路线——较少使用的路线

这条路线的起点在阿斯基亚的南面，全长120公里，到克沃克冰川止。克沃克冰川山最高处为1936米，沿南北走向10公里长。其大部分埋在瓦特纳冰原下面。

途中首先看到的是金字塔形状的厄普提平加山（Upptyppingar），然后就是华纳琳绿洲（Hvannalindir）。此绿洲取名自这里异常茂盛的白芷草。除柳树外，这里的草本植物还有30多种。有考古发现证实法亚特拉·埃文德和他的女人曾在这里生活过。往南30公里，是西格扎斯卡利（Sigurdarskali）木屋，这里有85张床位。距西格扎斯卡利

鸟瞰克沃克冰川

3公里的地方是下克沃克冰洞区，所谓“冰洞区”是指在冰层下面流淌着热水河流的洞穴地带。这里就是世界上最大的、最壮观的地热区域。它有3公里长、1公里宽，海拔1600–1700米。在此处，你可以目睹热水河在冰冻的冰川冰块下面

克沃克冰川

流动。你会看到热气蒸发，溶化冰洞墙上的冰块。你还会发现大块的冰从冰洞的顶上掉下。从下克沃克冰洞区出来，经巧克力山、世界上最胶着的地热泥塘的朗加丰（Langafonn）山坡，就到了上克沃克冰洞区。这里的冰洞略大，但是不甚壮观。在冰洞区的最南边是一个大湖，里面常年为冰水所覆盖。在冰川学会设立的有6个床位的木屋的东面有一个湖泊——更吉西格（Gengissig）湖，是1959年火山爆发后形成的，其有600米宽，100米深。

Tips

在冰岛过河

在冰岛的内陆，很多河上无桥，这种情况下如何过河呢？要安全过河，应记住这样几点：第一，尽量在上午过河，因为上午阳光还没有大量融化冰雪，河水较浅；第二，若遇暴风雨，要等24小时以后再过河；第三，要选河道宽的地方过河，窄的地方水流急；第四，不要选上游有瀑布的地方过河；第五，遇洪水，不要过河，一般来讲洪水浑浊，有漂浮物的一定会是洪水；第六，遇平静的水面要小心，这样的地方水会比较深；第七，跨越湍急的河水，到河中央时，必要时把背包扔掉；第八，永远不要光脚过河；第九，万一在河中摔倒，先解开背包，面朝天，双脚冲着流向，再站起来；第十，驱车过河时要冲着流向左右走对角线。

附录

冰岛旅游实务

去冰岛旅游是一件很简单的事情。

你可以选择包机旅行。包机的好处是一站到达，中途无需转机。北京康华文化有限公司与我国几家大旅行社合作专门组织去冰岛旅游的包机。从他们的网上可以查询包机出发和返回的日期以及在冰岛的日程。

网址：www.comwa.com.cn
电话：0086–10–87952560
传真：0086–10–87952598
地址：北京市万柳万泉商务花园1501室
邮编：100089

国内也有其他旅行社组织冰岛游项目。由于我国到冰岛尚无直飞航空班机，这些旅行社的项目肯定包括第三国的旅游。当然，参加这样的团队后，所有手续就由这些旅行社办理了。

最后一种方式是个人游。这就需要游客自己联系在冰岛的旅行社，由冰岛的旅行社发出邀请，做出安排，然后凭有效国际机票和冰方的邀请到冰岛驻华使馆办理签证。冰岛是申根签证国家，因此发放的是申根签证。

如果你不懂外语就要联系华人开的旅行社。推荐以下华人旅行社：

冰岛风光旅行社：
网址：www.bingdaotravel.com
电话：00354–6937088；
00354–8485287；00354–6962266
地址：Gladheimar 6, 104 Reykjavik, Iceland

如果你懂外语甚至是冰岛语，可以直接联系冰岛的旅行社：

“冰岛旅游”(Iceland Travel)是冰岛首屈一指的旅行社，每年接待各国游客近5万人次，可以组织各类行程，包括定制游、假日游、商务旅行、会议、豪华游、自驾游等。

电话：00354 585 4300

地址：Skútuvogur 13A，Reykjavík

网址：www.icelandtravel.is

一、冰岛的住宿

除二—四星级酒店外，冰岛的住宿是多种多样的，如山上木屋、帐篷、青年旅馆、农场房间、宾馆和农村校舍等。不管是哪种住宿方式，到了旺季都要提前预订。在冰岛很多地方的露营地可以搭帐篷，然而，有的露营地有洗衣机、厨房设备、热水龙头；有的地方只有凉水和卫生间。在国家公园和自然保护区只能在规定区域搭帐篷。在冰岛一定要用高质量的帐篷。有一点要注意，那就是不能点篝火，要做饭必须用自己带的炉子。宾馆这个词在冰语里还包括出租的家庭住房，以及任何可以使用睡袋的地方。这些地方大都提供自助早餐。有些学校在暑期出租宿舍给游客居住。

另外，"度夏房"是一个全国性的组织。拥有第二套住房，或者参与"度夏房"的人可以在www.viatour.is网上登记并出租房屋。这些房屋一般都在风景秀丽的地方，租客要用的东西应有尽有。

全冰岛有26所青年旅馆，经营者是冰岛青年旅馆联盟，其网址是：www.hostel.is。青年旅馆一般备有热水淋浴、烹饪设施和储藏行李的地方。来这里的游客可以使用自己的睡袋，没有睡袋的可以租用。国际青年旅馆会员享受一定的优惠。

二、冰岛的中餐馆

如果你只吃中餐，在雷市可以考虑这几家中餐馆：

Panda Veitingahus（熊猫餐馆）

地址：Hafnargotu 30—230 Reykjanesbae

电话：00354—4218060

Dong Huang Kinverskt veitingahus（东皇餐馆）

地址：Reykjavikurvegi 68—220 Hafnarfirdi

电话：00354—5556999

Veitingahusid Asia（亚洲餐馆）

地址：Laugavegi 10—101 Reykjavik 电话：00354—5626210.

注意：冰岛人无法接受油烟

如果在冰岛的餐馆里吃饭，一道主菜配一个开胃菜或汤的话，至少要1,000克朗。克朗兑换人民币的简单算法（按2011年第一季度的汇率）是100克朗等于

5.788元。大多数城镇都有肯德基和麦当劳这样的快餐店。除了首都地区和阿克雷里，其他地方没有中餐馆。在很多情况下，你住的地方都有厨房可用，或者有微波炉可用。你可以从超市买东西，自己加工。但无论在哪里，你都不能炒菜，不能用油。冰岛人无法接受油烟。

三、海关

冰岛的海关很严格。每个旅客入境只能带1升烈性酒，1升葡萄酒，或者6升外国啤酒。18岁以上旅客可以携带一条香烟或250克烟草制品。每个旅客可以携带3公斤价值在1.3万克朗以下的食品，生鸡蛋、肉类和奶制品除外。携带钓鱼和马术服装和设备必须有检疫证明；没有证明的要进行消毒。携带入境的汽车未付关税不可销售。武器、植物、无线通讯设备和电话（手机除外）入境必须事先获得许可。动物进口必须进行检疫。

四、其他事项

使用交通工具和住宿，2岁以下的婴儿免费；12岁以下儿童半价。

冰岛使用公制。电压240伏。电源插头为两相插头。电视录像使用PAL制式。冰岛电视台所用语言为冰岛语。电台

FM92.4/93.5在周一至周五早上7:30有英语新闻广播。冰岛克朗的硬币有1、5、10、50和100五种,纸币有500、1000、2000和5000四种。国际上通行的信用卡在冰岛的ATM机上都可以使用。在冰岛不管是匪警、火警或急救都可以拨打112。

五、冰岛旅游资讯网站

我谨借机在此感谢并推荐“冰岛推介局”(Promote Iceland),这是2010年7月成立的一家机构,由冰岛贸易理事会、冰岛旅游局海外推广处组成。并与冰外交部及冰驻外使馆密切合作。在撰写本书的过程中,该局向我提供了宝贵的帮助,有些照片就是由该局提供的。该局开设的如下网站可供大家获取有关情况:

www.iceland.is;

www.visiticeland.com;

www.inspiredbyiceland.is

其他可以提供资讯的网站有:

冰岛旅游局 www.icetourist.is

冰岛东部 www.east.is

冰岛北部 www.northiceland.is

冰岛东南部 www.east.is

冰岛西南部 www.southiceland.is

冰岛西部峡湾 www.westfjords.is

冰岛西部 www.west.is

冰岛驻华使馆

地址:北京市朝阳区亮马河大厦1号楼802室

邮箱:100004

电话:010—65907795;

网址:http://www.iceland.org/cn

冰岛华人华侨协会

电话:00354—8474561, 5626101

电邮: chinese.is@hotemail.com;

网址: www.chinese.is

图书在版编目(CIP)数据

冰与火的国度——冰岛/王荣华著. -上海:上海锦绣文章出版社，2019.9重印
(外交官带你看世界)
ISBN 978-7-5452-1009-5
Ⅰ. ①冰… Ⅱ. ①王… Ⅲ. ①冰岛-概况 Ⅳ.①K953.5
中国版本图书馆CIP数据核字(2011)第202830号

出品人 何承伟
责任编辑 赵卓琳
特约审读 王瑞祥
整体设计 周艳梅
图文制作 费红莲
督　　印 张　凯

书　　名 冰与火的国度——冰岛
著　　者 王荣华
出　　版 上海锦绣文章出版社
出　　品 上海故事会文化传媒有限公司
发　　行 上海文艺出版社发行中心
(上海市绍兴路50号　邮编：200020)
印　　刷 上海中华商务联合印刷有限公司
版　　次 2011年10月第1版 2019年9月第2次印刷
规　　格 889×1194
书　　号 ISBN 978-7-5452-1009-5/K·335
定　　价 29.00元

冰岛旅游行程参考

冰岛八日游

第一天

下午抵达冰岛国际机场后，前往蓝湖参观并在那里享用晚餐、入住酒店。

第二天

全天在雷市参观。景点包括国家博物馆、手稿馆、哈尔格林姆斯大教堂、霍夫迪楼、珍珠楼。

第三天

继续在雷市周边参观地热电厂，然后前往温泉镇、黄金瀑布、间歇喷泉、议会平原湖(辛格维利尔)国家公园。

第四天

前往雷克霍特、阿克雷里、胡萨维克、米湖。

第五天

前往东部峡湾、埃伊尔斯塔济、赫本。

第六天

前往瓦特纳冰盖、史卡夫塔法特国家公园。

第七天

前往维克、黑沙滩、森林瀑布、埃亚菲亚德拉火山。

第八天

飞离冰岛。

吴蓉蓉 绘图

阿克雷里
冰
岛
米尔
赫本
维克

后记

写完本书后，觉得意犹未尽。就把我想说的话权当后记吧。

首先，我想说自1971年12月8日两国建交以来，很快就40年了。在近40年的岁月里，由于两国领导人的辛勤耕种，两国人民在相互尊重基础上不断增强的交往，中冰关系已经进入成熟期。作为1995年我国恢复向冰岛派常驻大使以来的第二任大使，我在任期间，即1998年3月至2002年8月，接待了我党十五届政治局5位委员，即江泽民同志、李鹏同志、丁关根同志、黄菊同志和吴仪同志，如果加上陪同江泽民主席对冰岛进行国事访问的钱其琛同志，一共6位政治局委员，是一件我感到非常荣幸的事情。这6位领导同志的到访，使冰岛的国家领导人深切体会到中国是实行大小国家一律平等政策的典范。从冰方来讲，冰岛总统奥拉维尔·拉格纳·格里姆松一直热情推动两国关系的发展，他2005年以来四次访华，这在全球的国家元首中是很罕见的。冰方其他领导人来华也是比较频繁的。这样的氛围为更多的中国游客到冰岛观光打下了良好的基础。

其次，我想说冰岛人是憨厚、平实、勤劳、可爱的。从过去的落后的渔业国发展成为发达国家的一员，是冰岛人民用自己的双手干出来的。尽管他们遭到了金融危机的重创，但是，乐观的冰岛人民并没有丧失斗志。在不远的未来，他们的国家还会是最适于居住和投资的地方，他们还会跻身世界人均收入的前列。在冰岛还有一些默默地、不事声张地为冰中友谊工作的人士，被我国友协授予"人民友好使者"称号的阿瑟·赫尔加松就是这样的人。几十年来，不管阴晴圆缺，他对中国文化的热爱，对中国音乐的执著都十分打动人。冰岛中国俱乐部的乌娜女士是这样的人，她每年至少组织一个旅游团

到中国来。难能可贵的是，她在2000年12月20日自己在雷市市政厅举办了一个展览，庆祝澳门回归一周年。这让我大受感动。她，不图回报，不图表彰。她这么做觉得是应该的。我还要说说我的两位诗友，玛蒂埃斯·约翰纳松和维利·吉斯拉松，承蒙他们将我的诗作译成冰文传递给冰岛人。约翰纳松是一位大师级的人物，在冰岛倍受尊重，当他听说江泽民同志作了一首关于黄山的诗，主动提出要译成冰文；并在江泽民同志抵达冰岛的当天发表在《晨报》上。吉斯拉松视力不好，却始终坚持学习中国文学和诗歌。自两国建交以来，来中国学习汉语的学生不下500人，其中佼佼者鲍德松翻译了《论语》和《老子》，著名翻译家希约利摘译了《三国演义》。一方水土养一方人，冰岛的水土上出过三位世界小姐，最后一位是在中国当选的，她在世博会期间来到上海，在冰岛馆担任副馆长。

据了解2010年双边的贸易额是1.12亿美元，我想这里也有辛勤工作的冰岛中国商会的朋友们的功劳。我想自冰岛成为我国旅游目的地国之后，同胞们一定会感受到冰岛人的热情。

最后，我要说说冰岛的华人和华侨。我在冰期间与他们结成了很好的朋友。他们对祖国的热爱、他们的勤奋、他们的热情、他们的无私经常深深地打动我。他们的很多事迹是可歌可泣的，他们是顶天立地的中国人。假如你在冰岛遇到问题或困难找使馆解决是应该的，但你也不要忘记那里的华人华侨协会，他们可热情呢。

我谨希望本书能增进读者对冰岛的了解，能激发尚未到冰岛的人们过去看一看。也愿它对拿着这本小书游览的人起到向导的作用。